中国领导力
提升系列 | 主编 胡月星

领导选任

王文新◎著

中国出版集团　研究出版社

图书在版编目（CIP）数据

领导选任 / 王文新著 . — 北京：研究出版社，

2017.5

ISBN 978-7-5199-0020-5

Ⅰ. ①领… Ⅱ. ①王… Ⅲ. ①领导学 Ⅳ. ① C933

中国版本图书馆 CIP 数据核字（2017）第 031666 号

领导选任

作　　者	王文新　著	
责任编辑	刘姝宏	
出版发行	研究出版社	
地　　址	北京市东城区沙滩北街 2 号中研楼	
邮政编码	100009	
电　　话	010-63292534　63057714（发行中心）	
	63055259（总编室）	
传　　真	010-63292534	
网　　址	www.yanjiuchubanshe.com	
电子信箱	yjcbsfxb@126.com	
印　　刷	三河市金泰源印务有限公司	
开　　本	710 毫米 ×1000 毫米　1/16	
印　　张	18	
版　　次	2017 年 5 月第 1 版　2017 年 5 月第 1 次印刷	
书　　号	ISBN 978-7-5199-0020-5	
定　　价	45.00 元	

参与研究单位

国家行政学院

中国浦东干部学院

中国人事科学研究院

国家税务总局党校

北京行政学院

上海行政学院

黑龙江省行政学院

吉林省行政学院

广西行政学院

辽宁师范大学

宁夏行政学院

协助支持单位

国家行政学院中国领导科学研究中心

国家行政学院公务员培训研究中心

中国人才研究会领导人才专业委员会

西安思源学院新发展理念与领导力研究中心

提升领导力是聚焦点（代总序）

胡月星

领导科学研究告诉我们，组织发展与领导力提升并不是同步的。组织规模增大，并不意味着领导力随之提升。组织规模小，并不代表没有强大领导力。有的组织诞生时规模很小，但能够逐渐壮大，关键就在于其具有强大领导力。中国共产党诞生之初人数寥寥，但犹如喷薄而出的朝阳，光照四方。成功的秘诀在哪里？就在于党拥有强大的领导力，正是这一核心力量使党焕发出旺盛的生命力。今天，中国共产党是拥有436万多个基层党组织、8779万多名党员的大党，但规模越大并不意味着领导力就越强。加强和改善党的领导，必须把提升领导力作为聚焦点。

那么，领导力究竟是什么？以往人们通常把领导力等同于权力，认为有权力就有领导力。这种观点至今还停留在一些人的头脑中，限制了人们探索提升领导力的视野。领导力与权力确实有密切关系，但绝不是对等关系，有权力未必就有领导力，否则就难以解释个别领导"有权无威"甚至"众叛亲离"的现象。权力仅仅是领导力的一种重要资源，而不是领导力的全部。在领导科学研究中，领导力存在于精神信仰、思想观念、规章制度等方方面面，既包括组织领导力，也包括个体领导力。组织领导力是由个体领导力积极作用而成的合力，这就像百川终归大海一样。组织领导力与个体领导力相辅相成、高度融合，共同提升政党的领导力。我们讨论加强和改善党的领导，当然需要从组织领导力角度去分析，但领导科学研究表明，重视个体领导力对于加强和改善党的领导同样至关重要。因为组织领导力最终要具体落实到领导干部行为中，如果各级领导干部缺乏领导力所必需的知识、能力、品质以及积极行为表现等，组织领导力就会失去来源，组织就会变得软弱无力。可以说，领导干部的领导力直接决定着党的领导力。一个政党领导力的缺失，很大程度上是因为领导干部领导力的缺失。当前，从提升领导力入手加强和改善党的领导，需要把组织领导力与个体领导力紧密结合起来，从"领"入手，由"导"贯通，实现"心"与"力"的积极融合。

用信仰目标实现"领"。信仰就是希望，目标就是方向。没有信仰目标的政党是没有希望的，没有信仰目标的领导干部是难堪大任的。成立90多年来，我们党的领导之所以坚强有力，就是因为我们党有信仰、有目标，让广大党员有使命感，让人民群众有方向感。一个政党如果不能让自己的党员有使命感就无异于乌合之众，如果无法让群众有方向感就会失去号召力和凝聚力。新形势下，加强和改善党的领导，尤其需要把党的领导与党所坚守的崇高信仰、党所追求的远大目标紧密结合起来。要让广大党员和人民群众明白我们党究竟从哪里来、往哪里去，信仰什么、追求什么，党对人民群众来说有着什么样的功能和价值。把这些问题讲清楚，人民群众就会拥护党、追随党。

用科学理念实现"导"。信仰的追求、目标的实现都要有科学的理念。一个政党所坚持的科学理念凝聚着政党的智慧，能够引领人民群众的行动。从这个意义上说，理念科学，领导力就强。我们党一直强调用科学理念实现党的领导。习近平总书记在党的十八届五中全会上提出的创新、协调、绿色、开放、共享新发展理念，凝聚着全党的智慧，是统一全党思想和行动的指挥棒。领导干部能不能深入贯彻新发展理念，坚决纠正那些与新发展理念不相适应甚至背道而驰的错误观念与行为，直接关系我们党的领导力。领导干部要把学习贯彻新发展理念与提升领导力、加强和改善党的领导紧密结合起来。

用"心"与"力"的融合提升领导力。心为万力之本。提升领导力，从领导干部个体角度而言尤其要注重"心"与"力"的融合，具体而言主要包括以下几个方面：一是强调忠诚。忠诚是对"心"最重要的要求，是"力"的源泉。领导干部要对党忠诚，不论身在何方，不论处于何种境地，都要把对党忠诚作为自己的道德操守和行为准则，这样才能担负起组织重托。二是强调提升能力。有"心"无"力"，最终只能流于平庸。提升领导力，既要有"心"，也要有"力"。这就要求领导干部必须高度重视提升自己的能力。三是强调责任担当。责任是"心"，担当是"力"。当前，加强和改善党的领导特别需要领导干部有责任担当。有了责任担当，就能把"心"与"力"融合后的力量充分发挥出来，不断提升我们党的领导力。

原载《人民日报》（2016 年 04 月 15 日 07 版）

序言

古往今来，选贤任能实为治国安邦之本，是国家民族赖以繁荣昌盛的保证。领导干部选任是造就高素质执政骨干队伍的重要环节，也是国家治理能力现代化的重要内容。党的十八大报告强调："坚持和发展中国特色社会主义，关键在于建设一支政治坚定、能力过硬、作风优良、奋发有为的执政骨干队伍。"

当前，党和国家建设进入一个新的历史时期，干部队伍和人才队伍建设任务更加艰巨。习近平总书记多次强调，用一贤人则群贤毕至，见贤思齐就蔚然成风。选什么样的人作为风向标，就有什么样的干部作风，就有什么样的党风。好干部的标准，大的方面说就是德才兼备。在新形势下，好干部要做到信念坚定、为民服务、勤政务实、敢于担当、清正廉洁。在此基础上，习近平总书记提出新的历史时期"对党忠诚、善谋打仗、敢于担当、实绩突出、清正廉洁"军队好干部标准。前不久，习近平总书记强调，国有企业领导人员是党在经济领域的执政骨干，必须做到对党忠诚、勇于创新、治企有方、兴企有为、清正廉洁。这20字可以说是新形势下国有企业领导人员的"好干部标准"。

2014年新修订实施的《党政领导干部选拔任用条例》，对干部选拔任用的基本原则、标准条件、程序方法和纪律要求做了全面改进完善，吸收了近年来干部人事制度改革的新经验新成果。一是强调好干部标准，突出了理想信念的要求，政治立场、政治态度、政治纪律的要求，坚持原则、敢于担当的要求，加强道德品行、作风修养的要求，树立正确政绩观，做出经得起实践、人民、历史检验实绩的要求。二是按照好干部标准的要求，突出了品德、实绩、作风和廉政情况的考察。三是在好干部来源上，强调要注意从担任过县、乡党政领导职务的干部和国有企事业单位领导人员中选拔，推进地区之间、部门之间、地方与部门之间、党政机关与国有企事业单位及其他社会组织之间的干部交流。四是明确了六种不得列为考察对象的情形，包括群众公认度不高的，有跑官和拉票行为的，配偶已移居国（境）外或者没有配偶、子女均已移居国（境）外的，受到组织处理或者党纪政纪处分影响使用的等，把不符合好干部标准的人挡在考察人选之外。五是在程序和方法的设计上，强调既要把好干部贯穿体现到选拔任用的各个环节，也要注重选拔程序和方法的简便易行，有效管用。可以说，新修订实施的《党政领导干部选拔任用条例》是指导新的历史时期领导干部选拔测评实践的重要的制度依据。

领导能力素质是领导人才发挥影响力，正确履行职责的根本所在，而选拔领导干部的关键在于对其能力素质进行识别、判断和评价。正确识别领导能力素质的高低，需要依靠科学有效的测评方法技术，这是确保选拔测评工作质量的关键所在。综观浩如烟海的领导学文献资料，理论界和实践者围绕领导者能力素质的鉴别与评价，积累了丰富的理论和实证研究成果，开发了大量领导人才测评方法技术，如知识测试、心理测验、评价中心技术、面试、资历评价技术等，并在实践中得到了较为广泛的应用。

自中华人民共和国成立以来，党和政府基于国家治理和干部管理实践，积极探索，干部选拔任用制度和方法得到了极大的丰富和发展。这为我们梳理、总结我国领导人才选拔测评方法技术提供了多方面的视角和广阔的背景。从历史与现实来看，我国领导人才选任的方法制度涉及的领域十分广泛。古代领导选任的方法制度、现代领导选任的理论与制度、领导选任的方法技术及其应用等是领导选任方法研究者所关注的重要内容。这些内容也构成了《领导选任》全书的基本框架。

《领导选任》共十三章，分为三大部分。第一章至第四章为第一部分，简要介绍我国古代领导人才选任制度、现代领导人才素质标准及其职位分析技术。第五章至第十一章为第二部分，主要介绍七种常用的领导人才选拔测评方法技术。第十二、十三章为第三部分，主要介绍领导人才选拔测评的实践案例。

第一章对我国古代领导选任方法进行了简要梳理，旨在为当前我国领导人才测评方法技术的应用发展提供历史的渊源与滋养。在领导选任方法制度的探索上，从禅让制到世卿世禄制，从养士军功制到察举制，从九品中正制到科举制，古代中国为世界制度文明做出了巨大贡献。我们主要分析了察举制、九品中正制、科举制三种较为有代表性的方法制度及其利弊影响。

第二章至第四章对我国现代领导选任方法的实践探索、领导胜任特征标准及其确定方法进行了介绍。围绕领导胜任力模型的研究、开发与应用，近年来我国领导人才选拔实践取得了丰富的成果。能力素质是领导人才选拔测评的核心内容和关键所在。在领导人才选拔实践中，我们会通过领导职务分析，来确定某一具体领导职位对领导人才的核心和关键能力素质要求，进而确定与之相应的选拔测评方法。领导职位分析通过对组织机构的职位性质、内容、任务、责任、环境条件以及有关因素进行系统分析和描述，收集、整理和分析领导职位的各种信息，提供领导人才从事的工作岗位以及工作环境的情况，以确定有效履行领导职责所需要的知识、技能和素质。通过有效的领导职位分析，进一步明确领导工作要求，实现领导者与领导职位优化匹配。

第五章至第十一章对我国领导选任实践中经常用到的测评方法进行了介绍。笔试主要测试应试者对领导干部应具备的基本理论、基本知识、基本方法和专业知识的掌握程度，特别是运用这些理论、知识和方法解决领导工作中实际问题的能力。通过笔试可以有效地检测领导人才对知识的理解、掌握和运用的程度。在实践中，越是专业性强的领导职务，在选拔测评过程中越是需要对应试者专业知识水平进行测试。这时，笔试就是一个重要的测评方法。

面试和笔试一样，是领导选任实践中经常采用的测评技术。面试是测评人员通过与测评对象面对面交谈、提问，对其知识、能力、经验等有关能力素质进行观察、评价的测评技术。面试一般可分为结构化面试和非结构化面试两种。非结构化面试没有固定模式和测评内容，也没有固定的评分程序，以总体印象和判断作为选拔决策的依据；结构化面试则是根据领导职位要求，运用特定评价内容、方法和评价标准，严格遵循固定程序组织面谈提问的标准化测评技术。目前，结构化面试广泛应用于党政领导干部和国有企业领导人员选拔测评实践，是重要的领导测评技术。

评价中心是近几十年来较为流行的领导人才测评方法。其核心思想是通过多种测评技术方法的综合运用，让应试者在高度仿真的一系列工作情境中完成指定任务，从而评价其胜任领导与管理工作的能力水平和潜能状态。评价中心的多种测评方法一般包括无领导小组讨论、公文筐测试等。

资历评价是通过对应试者的个人背景、工作与生活经历进行分析，来判断其对未来岗位适应性的一种人才测评方法。这种方法通常要求应试者填写标准化的履历式表格，回答预设的一些问题，评价者按照既定的程序和标准对应试者的资历进行定量评估，做出用人结论。资历评价将在很大程度上反映出一个领导者所取得的工作业绩和今后可能发展的方向。

心理测评方法在领导选任决策中发挥着重要的决策参考作用。领导心理测评是按照心理测量的原理开发的标准化、客观化程度较高的系列测验，主要包括领导职业测验、领导能力测验、领导风格测验、领导人格测验、领导伦理测验等。

领导情境判断测验近年来在实践中得到了较为广泛的应用。典型的情境判断测验是向应试者呈现其在工作中可能遇到的各种情境，并给出应对情境的各种可能的处理方法或反应方式，然后让应试者以迫选的方式对可能的行动方式做出判断，再把应试者的选择与专家评议组给出的参考答案对比进行评分。领导情境判断测验具有表面效度高、能够充分激发应试者积极性、具有较高的预测效度、公平性强、负面效应少、操作方便灵活等特点。

第十二、十三章主要介绍了党政领导干部和企业高级管理人员的选任实践案例。领导选任测评内容丰富、情况复杂。这就需要我们根据实际，以简便易行、科学管用为原则，恰当选择相应的理论做指导，开发、选择适用的方法和工具，设计科学的测评流程，并做好测评工作的管理监控，实现领导选任工作的科学、公平、公正、有效。

王文新

2016 年 10 月

目录

第一章
中国古代官员选拔的方法制度

我国古代统治者高度重视吏治，形成了从官员选拔、任免、考核、监督等一系列较为完备的制度体系和操作规程。许多制度和规程都包含着丰富的治理经验，特别是察举制、九品中正制和科举制，对中国历史的发展产生了重要影响，也对当前领导干部选任工作具有一定的借鉴意义。

第一节　察举制

察举制是中国古代选拔官吏的一种制度，它的主要特征是由地方长官在辖区内随时考察、选取人才并推荐给上级或中央，经过试用考核再任命官职。

一、察举制的历史发展

为了适应国家统治的需要，汉代建立了以察举制为主的官员选拔制度。汉代察举制度，严格地说是从汉文帝（前179—前157年）开始，他下诏要求"举贤良方正能直言极谏者"，并且定下了"对策"（考试）和等第。汉武帝时期，察举制逐渐完备，各种规定相继推出。其后，各种科目不断充实，特别是有了统一的选才标准和考试办法。汉武帝在元光元年（前134年），正式颁布了察举的命令，命令每郡国要向中央察举人才。这是汉代最有影响的官员选拔制度，贯穿两汉时期。

二、察举制的主要做法

察举是一种自下而上推选人才为官的制度。先由皇帝下诏，让三公九卿、地方郡守等高级官吏按照一定的标准，把各地品德高尚、才干出众、学识渊博的平民或下级官吏推荐给朝廷，由朝廷直接任官，或经过某种形式的考核、面试直至皇帝亲自策问择优录用。被察举的对象主要是官府官吏和各级学校的学生。汉代察举科目很多，包括孝廉、茂才、贤良方正、文学、明经等，以及临时规定的其他科目。但是在这众多的科目中，以前四种为主流。

1. 察孝廉。汉高祖称帝后第二年（前205年）就宣布："举民年五十以上，有修行，能帅众为善，置以为三老，乡一人。"此后，吕后与惠帝也曾多次诏举"孝悌力田"。到武帝时，岁举孝廉逐渐成为一项明确的制度。孝廉即孝子廉吏的简称。孝与廉是传统社会所提倡的两种重要德行。汉代统治者对察举孝廉非常重视，使其成为汉代察举中的常科。

2. 举茂才。西汉时，茂才名秀才，东汉因避光武帝刘秀之讳，改为茂才。西汉"茂才"仅属特科。或单独举行，或与"贤良""直言极谏"并举，"光武中兴"后，才成为常设科目，和"孝廉"并举为岁举。然而孝廉为郡举，茂才为州举，且数量较孝廉为少，故茂才的规格高于孝廉。

3. 举贤良和举文学。贤良方正始于文帝，武帝即位曾"诏丞相、御史举贤良方正直言极谏之士"。此后的两汉皇帝都颁发过举贤良方正的诏令。贤良方正多与"能直言敢谏者"相联系，但与州郡岁举孝廉不同，武帝之后此科成为特举，多实行于遇到灾异之后。文学即经学。最初常同贤良、方正、有道等科目连在一起，单独举文学起自昭帝。昭帝始元五年（前82年）"其令三辅、太常举贤良各二人，郡国文学高第各一人"。贤良文学与经学联系密切，属于诏举之列。在两汉时期经常进行，也是选官的重要途径。

三、察举制的利弊分析

（一）察举制之利

其一，在察举制下，个人的社会背景、家庭出身不再是选士任官的唯一依据。地方士人只要有真才实学，或有一定的社会威望，或有值得称颂的道德品质，便有可能成为察举对象，从而登上仕途。许多出身卑微的人才如东方朔、司马相如在汉武帝时得到重用，而这在世卿世禄制下是根本不可能的。在世卿世禄制下，官职由贵族垄断并世袭，一般人根本没有条件成为官吏。

其二，察举制有利于吸引各类人才。察举科目很多，有孝廉、秀才、明经、明法、贤良方正、直言极谏、孝悌力田等十几种，而且又让熟悉地方情况的州郡长官亲任察举官，这就能把各类人才作为察举对象，选士任官，这无疑有利于国家的统治。而军功制不利于按实际的才能选拔官吏。在军功制下，授爵仅以其军功为依据，如此便剥夺了许多非身强体壮的士人之权利。

其三，察举制有利于中央集权，这与军功制相比更加明显。在察举制下，察举权虽下放到地方，但官吏任免权最终由中央掌握，中央仍可自由委派官吏。而在军功制下，极易出现地方诸侯"功高盖主"的现象，对皇权造成威胁。西汉初，分封的异姓王几乎全是军功制的受益者，结果造成地方王国势力强大，中央难以驾驭。

其四，察举制在其实行之初一般能保证被察举者的"质量"。被察举者有一年任期，只有胜任者才能转为正式官员。若不胜任，就要被撤换，而且推荐者也会因此受罚，这使察举人不敢随便推荐士人。还用策问形式直接考察士人，其益处自不待言。东汉顺帝采纳左雄建议，用贤才必须经过严格考试，一考儒家经典，二考文书、表奏。"诸生通章问，文吏考笔，得考选。"公府初试后，还要在端门（御史台）复试，如此严格把关选拔贤才，一定程度上实现了选贤任能。

综上所述，察举制相对于世卿世禄制、军功制是一大进步，两汉统治能长达四百年之久，与察举制的有效推行有很大关系。

（二）察举制之弊

凡事均有利有弊，察举制虽有上述多种优点，但也有其严重弊端。

第一，察举制重视对察举对象道德品质的考察，却难以避免失真或作假。对人的道德品质做出中肯评价很难，必须通过对其言行的长期考察才能得出较为客观的评价。即使这样，有时候这种言行也可能是假的，或者因为其他环境、条件的改变而发生蜕变。进一步说，由于重视道德评价与评议，容易形成评议之风，不重实际，空发议论。这种风气逐渐发展，到魏晋时更加明显。

第二，察举制对推荐者没有很好的监督制约。三公九卿、地方郡守或因为不了解，或因为名额有限，只能推荐为数不多的人，致使许多贤才埋没民间。虽然任用权在中央，但是三公九卿、地方郡守拥有察举权，避免不了有人利用察举机会，或贿赂或靠关系千方百计使自己成为被察举对象。所谓"拜爵公朝，谢恩私室"，久而久之，容易产生宗派行为，形成地方集团。

第三，察举制在其后期，弊端日益严重。到东汉中后期，地方选举权被少数公卿大臣、名门望族所控制，甚至在一些地方出现"举秀才，不知书。察孝廉，父别居，寒素清白浊如泥，高第良将怯如鸡"的现象。社会上出现了"四世五公""累世公卿""累世经学"的官僚门阀集团。此时的察举制已蜕变为变相的世袭制了。

四、察举制的影响

察举制为两汉选出了许多优秀的治国理政之才，也对后世产生了重要的影响。

从积极的角度来看，察举科目多，涵盖了国家所需的各种人才，选拔的范围也较广，为有才干的士人提供了较多晋身仕途的机会。在制度执行过程中，相对而言还是严格的，西汉时期，对举主和被举者均有赏罚。尤其需要指出的是，察举制也对考试的应用进行了有益的探索。通过选拔与考试相结合，为被举者提供了公平竞争的舞台，使真正优秀的人才有脱颖而出的机会。这也为日后科举制的产生、发展提供了历史源流。

每枚硬币都有其正反面，每一制度方法都有其利弊。察举制较好地调动了地方及地方官员选贤任能的积极性，在处理和平衡中央与地方的关系方面，也做了很多制度上的尝试。但是，由于对官员察举权、任命权的监督约束形成很好的配套制度，使察举制在实践中慢慢异化，滋生出任人唯亲、唯财、唯势等现象，流弊百出，最终被新的制度方法所取代。

第二节　九品中正制

九品中正制是魏晋南北朝时期重要的官员选拔制度，是魏文帝曹丕采纳吏部尚书陈群的意见，于 220 年正式实施。此制至西晋渐趋完备，南北朝时又有所变化。它上承两汉察举制，下启隋唐之科举，在中国古代政治制度史上占有十分重要的地位，是中国封建社会三大选官制度之一，从曹魏始至隋唐科举的确立，这期间存续了 400 年之久。

一、九品中正制的历史发展

建安十三年（208 年），曹操担任丞相后，为聚集有治国用兵之才，曾三次发布求才令，他明确指出，即使是"不仁不孝"之人，只要是"高才异质"，只要有"治国用兵之术"，就要重用。这无疑是对当时用人标准的一次大纠正，也逐渐改变了东汉以来由世家大族主持乡间评议和控制选举局面的情况。但是，曹操的这种选拔人才的实践活动，还没有形成制度确定下来。

到了曹丕即魏王位后，220 年，吏部尚书陈群以选用不尽人才，乃立九品官人之法，州郡皆置中正，以定其选。择州郡之贤有识鉴者，为之区别人物，第其高下。至此，九品中正制正式确立。

到了西晋时期，九品中正制已经发展为最主要的选官制度。东晋时期，门阀士族垄断了官吏选任权，出身高门成为选拔的主要标准，名门望族仰仗出身"平流进取，坐至公卿"，官员选拔成了门第的攀比和较量，"选贤与能"的原则彻底失效，整个社会因而形成崇尚门第的风气，以出身高门为荣，以出身低贱为耻。虽然西晋时期反对中正制的人很多，但是门阀士族基本上控制了官员选拔。东晋以后，门阀统治趋于固定，反对九品中正制的人也越来越少了。

在南朝 170 余年间，门阀士族凭借其雄厚的经济基础和统治地位，对九品中正制进行调整，使之在新的历史条件下不断发展完善，从而使之更有利于门阀统治。因此，九品中正制在南朝时期依然是占据着主导地位的选官制度，并在维护士庶区别、强化门阀统治方面发挥着重要作用。

北朝时期，由于各政权具有少数民族统治的性质，九品中正制的作用不能与前朝相提并论。北魏初期，未实行九品中正制。后孝文帝改制，始立九品中正制。但自河阴之变后，此制亦流于形式。

隋朝时期，随着封建经济的发展，庶族地主阶级的经济力量不断加强，人数不断增多，形成了一股重要的社会力量。他们要求在政治上得到相应的地位，而依据门第高低选官的九品中正制，使他们几乎没有进入官员队伍的机会。另外，九品中正制在实施中容易造成门阀士族长期操纵地方甚至中央政权，大大削弱了中央王权。隋文帝为进一步加强中央集权，扩大地主阶级的政权基础，正式废除了九品中正制。隋炀帝设立进士科，开始实行科举取士的制度。

唐高祖武德年间，由于受门阀势力不断壮大的影响，九品中正制曾一度得到恢复。但不久，唐太宗贞观初年再次被废。自此以后，九品中正制便逐渐被科举制所取代，淡出了历史舞台。但是其推荐、选举的思想对我国古代官员选拔制度有着广泛而深刻的影响。

二、九品中正制的主要做法

从操作上来讲，九品中正制就是选择"贤有识鉴"的中央官吏兼任原籍地的州、郡、县的大小中正官，负责察访本州、郡、县散处在各地的士人，综合德才、门第定出"品"和"状"，供吏部选官参考。具体来说，九品中正制主要包括设置中正、品第人物、以品任用三个方面的主要内容。

（一）设置中正

设置中正官是九品中正制的关键环节。所谓中正，就是掌管对某一地区人物进行品评的负责人，也就是中正官。中正官又有大小之分，州设大中正官，掌管州中数郡人物之品评，各郡则另设小中正官。中正官最初由各郡长官推举产生，晋以后，改由朝廷三公中的司徒选授。其中郡的小中正官可由州中的大中正官推举，但仍需经司徒任命。在一般情况下，州郡的大小中正官是由司徒举荐的现任中央官员兼任，有时司徒或吏部尚书还直接兼任州的大中正官。这是为了保证中央对选举的直接控制，避免他人对中正事务的干扰。大小中正官还都配有名为"访问"的属员。

（二）品第人物

品第人物是中正官的主要职责。中正官负责品评与其同籍的士人，包括本州和散居其他各郡的士人。品评主要包括三方面的内容：（1）家世：家庭出身和背景，包括父祖辈的资历仕宦情况和爵位高低等。这些信息和资料是中正官必须详细掌握的。（2）行状：所谓"状"，是指中正官对士人道德与才能情况的评语。魏晋时的行状一般都很简括，如"天材英博、亮拔不群""德优能少"等。（3）定品：确定品级。所谓"品"，是综合士人德才、家世等情况而对其所评定的等级，共分为上上、上中、上下、中上、中中、中下、下上、下中、下下九品，但类别只有上品、中品和下品（二品至三品为上品；一品为虚设，无人能达到；四品至五品为中品；六品至九品为下品）三类。定品时原则上依据的是行状，家世只作为参考。但晋以后完全以家世来定品级。出身寒门者行状评语再高也只能定在下品；出身豪门者行状不佳亦能位列上品。

（三）以品任用

中正官将评议结果上交司徒府复核批准，然后报送吏部作为官员选任的根据。中正评定的品第又称"乡品"，和被评者的仕途密切相关。任官者其官品必须与其乡品相适应，乡品高者做官的起点（又称"起家官"）往往为"清官"，升迁较快，受人尊重；乡品卑者做官的起点往往为"浊官"，升迁较慢，受人轻视。

中正评议人物照例三年调整一次，但中正对所评议人物也可随时予以升品或降品。一个人的乡品升降后，官品及居官之清浊也往往随之变动。中正拥有非常大的权威，但如有定品违法，也会被追责。

三、九品中正制的利弊分析

九品中正制建立之初，确实起到了选拔人才的作用。中正官采用家世、品德、才能等方面立体化多方位的标准来评价衡量，便于选拔出优秀的人才进入官员队伍。同时，九品中正制的推行也大大剥夺了州郡长官的权力，将官员的任免权收归中央，有利于加强中央集权。

随着形势发展，九品中正制在实践中也表现出背离其目标的现象。中正官多由二品官吏担任，而被选拔的士族人才也多出自二品以上的门阀士族，同时他们也往往出任高级官吏。久而久之，官员选任权就被这些门阀士族所垄断，最终成为门阀士族操纵政权的工具，使九品中正制"不计门第"的选人原则难以落实。

四、九品中正制的影响

九品中正制巩固、发展了门阀制度。九品中正制本来是要按德才品选人物，却逐渐发展为由中正根据士人门第高低来决定其高下。比如，州郡的中正基本上是由本州郡的世族名门来担任，基于世族名门的利益，所定为上品者，大多来自世族名门。到南朝时期，在中正的评议中，父祖官爵的高低也很重要。

九品中正制对私学和家庭教育产生很大影响。两晋南北朝时期，与官学衰微大不相同，私学和家庭教育发达起来。私人授徒讲学的实例数不胜数，涌现出许多"为世所重""为世宗仰"的私学大师。家庭教育也发展很快，除写字识字的启蒙教育大有发展外，大量家庭教育著作问世。两晋的王祥有《训子孙遗令》，南朝的颜延之有《庭诰文》等。这一时期，私学和家庭教育的快速发展，与九品中正制的实施有很大的关系。一方面，九品中正制在施行中逐渐成为世族把持特权的工具，一些失意的庶族寒俊或高门士子厌倦、厌恶官场争斗，便辞官还家，潜心学术，授徒讲学。还有一些士人，以操守为重，干脆不染流俗隐居山林或民间，著书立说，教授门生。这样，就极大地促进了当时私学和家学的发展。另一方面，九品中正制的"贵族化"，使世族普遍感到保持家门的兴衰或提升家族声望的重要性，因而也使"保家"的教育价值观得到了进一步的强化。

九品中正制对社会风气的影响很大。九品中正制是国家选拔人才、选拔官吏的重大人事制度，在官僚社会，它直接关系一个人乃至一个家族的社会地位。因而，九品中正制对当时社会风气的影响，无疑是直接而重大的。随着九品中正制在操作中选拔标准的扭曲，重家世、轻德才，使天下人异常崇尚门第，门阀世族子弟可以轻而易举成为官员，这也助长了门阀世族庸庸碌碌、游手好闲的生活作风。

第三节　科举制

从隋唐到明清，科举取士延续了1000多年。科举制成为中国封建社会系统最为完善，也是比较科学的一种选官用人制度，影响广泛而深远。

一、科举制的历史发展

考试取士始于西汉，科举制度则创始于隋朝。科举制从隋朝到清朝，其间虽有波折起伏，但基本上一直沿用不废，特别是在唐、宋、明、清，不断完备。明清则是科举制度的鼎盛时期，随之由盛而衰，清末时期被废止。

隋朝建立初期，为加强中央集权，把官员选任权上收中央，用科举制代替九品中正制。隋炀帝大业三年（607 年），开设进士科，通过考试来选取进士。唐朝沿用隋朝的科举取士制度，并使之进一步完善。在唐代，考试的科目分常科和制科两类。每年分期举行的称常科，由皇帝下诏临时举行的称制科。

宋朝拓宽了科举的范围和层面，科举制在形式和内容上都有新的发展。宋朝确立了三年一周期的州试、省试和殿试的三级科举考试制度。在扩大科举录取名额、提高进士地位的同时，宋朝科举考试更加注重客观化、标准化，开始建立了锁院、糊名、誊录制度，以防止徇私舞弊。在内容上，北宋初年基本上沿袭唐制，主要科目有明经、进士诸科，其中进士科的地位最为重要。进士科考试的内容包括诗、赋、策论及儒家经义。宋神宗时期罢黜明经诸科，以经义取代诗赋，作为进士科考试的主要内容。

明清时期是科举考试盛极而衰的时期。明朝对科举高度重视，并把进学院作为参加科举考试前置的必经环节，非经由学校出身者不能参加科举考试。科举考试分为乡试、会试和殿试三个层级。乡试的地点在各个布政司所管辖的范围之内，会试由礼部主持，殿试由皇帝亲自来测试。明朝还实行了分地录取名额的制度，根据南北州确定不同的录取名额。在明朝时期，八股文逐渐成为固定的考试文体。

清代沿袭明代科举，科举制度与学校制度紧密结合，更加系统、严密。到了清末，随着西学的传播和洋务运动的发展，清政府也对科举制度进行了改革。1888 年，清政府准设算学科取士，首次将自然科学纳入考试内容。1898 年，加设经济特科，荐举经世济时之才。1905 年，清政府废科举、兴学堂，绵延 1300 多年的科举制度走向了终结。

二、科举制的主要做法

从隋朝开始，各朝科举考试科目都在不断变化。从各个朝代科举科目设置的变化可以看出用人导向的变化。隋文帝仅有策问，隋炀帝开考十科。唐朝考试科目很多，常设科目主要有明经、进士、明法、明字、明算。到了明清时期只设进士一科。虽然清袭明制，但也开过特制（特别科），如博学鸿词科、翻译科等。

除了特制科目外，明经、进士科考试的内容主要是儒家经典。考试形式在各个朝代也有不同。唐朝主要有墨义、帖经、策问、诗赋等，自宋朝开始，经义取代帖经、墨义，而从明朝开始就只考经义了。

墨义，就是围绕经义及注释所出的简单问答题。帖经，与现代考试的填空或默写的形式相似。策问，就是依据考官提出的有关经义或政事问题，考生发表见解，提出对策。策问涉及政治、经济、军事、教育、文化、农业等诸多方面的内容，与帖经、墨义相比，策问更有利于考察治国理政的实际能力。诗赋，唐高宗时期加试一诗一赋，于是开始有了诗赋考试。经义，是围绕书义理展开的议论。宋代以经书中文句为题，应试者作文阐明其义理。明清沿用而演变成八股文，即作答时要将全文分为破题、承题、起讲、入手、起股、中股、后股、束股八个固定部分，从起股以下，每部分用两股排偶文字，并且限定字数。

科举制自隋唐延续至清代，其间虽然有很多时代性特征，但是在考试对象、考试程序、官员任用等方面有着稳定性、延续性和一致性。对于考试对象的资格，历朝历代都有比较明确的界定和要求。一般要求品行端正、身体健康，家人奉公守法；应试者要在户籍地报名或考试，逐级参加考试，直至取得殿试资格。历朝历代都根据形势发展需要，先后制定了许多具体的制度与规则，内容涉及科举科目的设置、所有参与主体的资格条件、责任功过及其赏罚，等等。

三、科举制的利弊分析

（一）科举之利

与察举制、九品中正制等相比，科举制具有较为明显的优点。第一，科举制强调机会均等、公平竞争，是打通了一条民间通向社会管理者的通道。所谓"朝为田舍郎，暮登天子堂"。科举制为知识分子设计了一条读书、考试、做官三位一体的仕途之路，赢得了广泛的社会认同。第二，科举制以考试作为选拔人才的基本方法，通过流程化的、可操作的制度和规则设计，最大限度地减少了人为因素，使选拔更具客观性，并以考试为核心建立起一整套官员产生和成长的机制。第三，科举制不仅强化了中央集权、文化认同和国家统一，更是在选拔官员的同时，传承了中华文化，促进了学校教育的发展。尤其是科举考试促进了传统儒学文化的传承与普及，形成了民间社会崇尚人文、教育的社会风气。

（二）科举之弊

按照钱穆先生对中国古代政治制度的研究："一项好的制度若能长久永远好下去，便将使政治窒息。"随着时代发展，特别是清朝后期，科举制度的弊端也越发明显。从人才选拔考试的角度来看，考试内容的固定僵化，特别是从明代开始将八股文定为科举考试文体，在一定程度上束缚了人们的思维，阻碍了思想进步与创新。科举考试的指挥棒作用促进和强化了我国的考试文化、官本位思想，其影响在现代中国仍随处可见。科举制虽然制度完备严密，但是在长期演变发展过程中，没能很好地防止吏治腐败。有时是吏治腐败致使科举制失效，有时则是科举制滋生官场腐败。特别是基于科举考试的官学私学教育背景下的师门裙带关系、科举制的政治化与官场朋党现象，长期互相影响互相强化，让科举腐败像癌细胞一样侵蚀科举制度的健康。

科举制的很多弊端和不足并不主要是制度本身的问题，而是制度长期没有得到彻底执行而产生异化的结果。总体而言，从制度本身来说，科举制是一项较为健全、科学的人才选拔制度。

四、科举制的影响

纵观中国历史上比较完备成型的各种制度，科举制是持续时间最长、体系最完备的制度，它对隋朝以后中国的政治制度、经济制度、教育制度、社会结构、人文思想、社会心理等都产生了深刻而久远的影响。同时，科举制对东亚和西方国家文官选拔制度也产生了重要的影响。日本、朝鲜、越南均有效法中国举行科举，越南科举的废除还在中国之后。16 世纪，随着新航路的开辟，来华的西方传教士将包括科举制在内的中国典章制度介绍到欧洲。18 世纪时启蒙运动中，不少英国和法国思想家都推崇中国科举制度的公平和公正。通过这些思想家，中国的文官制度、科举制度在西方广为传播，对西方国家文官考试制度的建立产生了积极影响。19 世纪，英国建立文官制度，规定政府文官通过定期的公开考试录取。目前，很多西方政治学教科书在介绍文官制度时，把其创始者都归于中国。

📝 附录：最后一次科举试题

1904 年 7 月 4 日我国历史上最后一次殿试状元。1905 年开始清政府废除科举制度。

1904 年的科举考试，适逢慈禧太后七十寿庆。由于被八国联军烧毁的顺天贡院仍未修复好，当年会试考试定于开封举行。根据 1902 年制定的科举改革办法，科举乡试、会试废除八股文，改为论策试士，采用中外政治史论和具有现代性的考试题目，要求在四书五经之外增加"中国政治史""五洲各国之政"等内容。因此，末科会试三场的试题注重现实，着眼改革，内容灵活多样。

第一场考论五道题，内容是中国政治史论问题。

1.周唐外重内轻，秦魏外轻内重各有得论。

2.贾谊五饵三表之说，班固讥其疏。然秦穆尝用之以霸西戎，中行说亦以戒单于，其说未尝不效论。

3.诸葛亮无申商之心而用其术，王安石用申商之实而讳其名论。

4.裴度奏宰相宜招延四方贤才与参谋请于私第见客论。

5.北宋结金以图燕赵，南宋助元以攻金论。

第二场时务策五道题，内容是关于内政外交的重要问题。

1. 学堂之设，其旨有三，所以陶铸国民、造就人才，振兴实业。国民不能自立，必立学以教之，使皆有善良之德，忠爱之心，自养之技能，必需之知识，盖东西各国所同，日本则尤注重尚武之精神，此陶铸国民之教育也。讲求政治、法律、理财、外交诸专门，以备任使，此造就人才之教育也。分设农、工、商、矿诸学，以期富国利民，此振兴实业之教育也。三者孰为最急策？

2. 泰西外交政策往往借保全土地之名而收利益之实，盍缕举近百年来历史以证明其事策。

3. 日本变法之初，聘用西人而国以日强，埃及用外国人至千余员，遂至失财政裁判之权而国以不振。试详言其得失利弊策。

4.《周礼》言农政最详，诸子有农家之学，近时各国研究农务，多以人事转移气候，其要曰土地，曰资本，曰劳力，而能善用此三者，实资智识。方今修明学制，列为专科，冀存要术之遗。试陈教农之策。

5. 美国禁止华工，久成苛例，今届十年期满，亟宜援引公法，驳正原约，以期保护侨民策。

第三场三道题考四书五经义。

1. 大学之道，在明明德，在亲民，在止于至善义。

2. 中立而不倚强哉矫义。

3. 致天下之民，聚天下之货，交易而退，各得其所义。

末科会试，无论从内容还是题目形式，都已开始由古代科举取士制度向现代文官考试转型。

1904 年 7 月 4 日清晨，在礼部会试中选拔出来的 273 名贡士，进入保和殿，历经点名、散卷、赞律、行礼等种种仪式礼节，参加保和殿举行的由皇帝主考的殿试。殿试题目如下：

1. 世局日变，任事需才，学堂、警察、交涉、工艺诸政，皆非不学之人所能董理。将欲任以繁巨，必先扩其见闻，陶成之责，是在长官。顾各省设馆课吏，多属具文，上以诚求，下以伪应。宜筹良法，以振策之。

2. 汉唐以来兵制，以今日情势证之欤。

3. 古之理财，与各国之预算决算有异同否？

4. 士习之邪正，视乎教育之得失。古者司徒修明礼教，以选士、俊士、造士为任官之法。汉重明经，复设孝廉贤良诸科，其时贾董之徒最称渊茂。东汉之士以节义相高，论者或病其清议标榜，果定评欤唐初文学最盛，中叶以后，干进者至有求知己与温卷之名，隆替盛衰之故，试探其原……今欲使四海之内，邪慝不兴，正学日著，其道何之从？

第二章
现代领导选拔的探索

一、党政领导干部和国有企业领导人员选拔的实践探索

中华人民共和国成立以来，我国不断探索干部人事制度管理经验，不断改革完善选人用人机制。特别是改革开放以来，干部人事制度改革不断深化，规章制度逐步健全，初步形成了一套有别于西方国家的、符合我国国情的干部选拔任用体系。

从 20 世纪 80 年代初起，我国提出了新时期干部选拔培养的新标准，不断完善干部选任程序，对党政机关、事业单位、国有企业干部实施分类管理，打破了干部任用上的单一委任制模式，实行委任、选任、考任、聘任等多种形式，干部选拔任用进入新的阶段。

经过长期的实践探索，我国逐步形成了具有中国特色的、贯彻党管干部原则、符合国家治理能力现代化需要的干部选拔任用机制和方法制度体系。2002 年 7 月，中共中央印发《党政领导干部选拔任用工作条例（试行）》，规定了党政领导干部应当具备的基本条件以及干部考察的内容、范围、方法、程序、参与人员等内容，有力推动了科学的干部选拔任用机制和监督管理机制的建立健全。2004 年 4 月，中共中央又颁布了《公开选拔党政领导干部工作暂行规定》《党政机关竞争上岗工作暂行规定》等推进干部选任制度改革的文件。

2000 年，中央组织部颁布《全国公开选拔党政领导干部考试大纲（试行）》，这是我国第一部领导干部综合性选拔考试大纲，初步确立领导干部选拔测评的内容和标准。随着领导干部选拔测评工作面临的形势和任务的不断

变化，该考试大纲经过了多次修订。该考试大纲是党政领导干部选拔测评工作的重要标准，也是国有企业经营管理人员选拔测评工作的重要依据。考试大纲的颁布实施，有力推动和规范了领导人才选拔测评工作。许多新经验、新方法、新技术涌现出来。这些新技术的开发应用主要体现：通过不断改进笔试和面试测评技术，开发推广评价中心技术、资历评价技术，选好用好领导心理与行为测量技术等。这些新经验、新方法、新技术反过来进一步促进领导选任工作科学化、规范化和制度化水平的不断提高。

党的十八大以来，干部人事选拔制度改革力度进一步加强，修订颁布了一系列法规、制度。面对新形势、新任务，党和国家先后提出了新的历史时期党政领导干部、军队干部和国有企业经营管理人员的"好干部标准"。党政领导干部要做到信念坚定、为民服务、勤政务实、敢于担当、清正廉洁。军队干部要做到对党忠诚、善谋打仗、敢于担当、实绩突出、清正廉洁。国有企业领导人员是党在经济领域的执政骨干，必须做到对党忠诚、勇于创新、治企有方、兴企有为、清正廉洁。好干部标准是领导选任工作的立足点和出发点，一切选任工作都要围绕好干部标准开展，力争把好干部选出来、用起来，真正发挥其执政骨干作用。

2014年1月，中共中央印发了新修订的《党政领导干部选拔任用工作条例》，吸收近年来干部人事制度改革的新经验、新成果，根据新形势、新任务对干部选拔任用制度进行了改进和完善，对于建立健全科学的干部选拔任用机制和监督管理机制，形成系统完备、科学规范、有效管用、简便易行的选人用人制度体系，建设高素质的党政领导干部队伍，具有十分重要的意义。这也是关于党政领导干部选拔任用工作方面最全面、最成熟、最系统的党内法规。该条例不仅是党政领导干部选拔任用工作的基本依据和操作指南，也是推进国有企业经营管理人员选拔，探索党管干部原则与市场化选聘相结合，完善适应公司法人治理结构要求、符合企业市场主体特征、保证党委有效发挥作用的选人用人机制，具有很强的指导性和借鉴性。

近年来，在原有的基础上，主要采取民主推荐和选拔考试相结合为主要特征的选拔党政领导干部方式。同时，采取了社会化的方式，公开遴选国有企业高级管理人员。各种领导人才选拔测评方法在党政领导干部和国有企业领导人员选拔任用中发挥着重要的技术支撑作用。

二、领导选拔的理论依据

领导选任的理论基础涉及行为科学、领导科学、心理学、人才学、统计学等多种学科的研究成果，主要包括个体—职位—组织匹配原理，信度和效度相结合原理，诊断、预测和激励相结合原理等。

（一）个体—职位—组织匹配原理

选拔任用领导人才，必须对人和职位的差异性有深刻的认识。可以说，我们生活在千差万别的世界里，差异是主旋律，相同只是插曲。行业、职业、职位是如此不同，人与人之间也是存在各种各样的差异。这些差异既有生理方面的，也有能力方面的，还有个性方面的。个体差异不但表现在不同的年龄、性别、生活环境，还表现在不同的岗位、职业和文化背景等方面。个体差异是客观的，也是测评工作实现选贤任能的前提。

由于不同的领导职位工作内容、工作成果、工作方式和责任义务不同，对任职者的要求也会有很大的不同。作为国家和单位的执政和管理骨干，领导者肩负重大职责，如果胜任职位要求，则能保证较高工作绩效，推动事业发展。否则，就有可能造成重大损失，阻碍事业发展。因此，领导选拔一定要充分考虑人和职位这两个关键因素，力争实现"人职匹配"，也就是在具体的领导测评活动中要根据工作岗位的特点、要求和差异来进行，对测评对象的年龄、体质、性别、性格、气质、职能和专业特长等方面素质的判断都要与测评的岗位和工作紧密结合起来。进一步来说，要充分考虑组织与环境因素对人职匹配的影响，在领导选拔测评过程中，既要考虑领导职位、领导者之间的匹配性，也要充分考虑到与所在组织、领导工作环境的适应性和匹配度。也可以说，实现"个体—职位—组织"匹配，是领导人才选拔测评工作的最高境界。

（二）信度和效度相结合原理

信度和效度是衡量领导人才的测评方法中比较重要的核心技术指标。信度是对测评方法稳定性的描述，属于可信性指标。如果我们多次测评的结果比较一致，说明我们的测评是稳定可靠的、可信的，否则测量或测验结果便是不可信的。在实践中，常见的信度有重测信度、复本信度、内部一致性信度和评分者信度等。

测评效度是指一个测评方法或者工具能够测量出所要测评东西的程度。测验的效度一般可分为内容效度、构想效度、效标效度和预测效度等。对于一种选拔测评方法来说，最重要、最有意义的效度是预测效度。预测效度对预测指标和效标的信度有较高的要求，是最严格的效度指标。

通常情况下，人们不仅仅关注测评信度问题，也更加关注测评效度问题。在领导人才测评实践中，一定要注意测评方法工具和测评过程的信度和效度的统一。一般而言，当信度值大于 0.70 时，测评结果可用于团体间比较；当信度值大于 0.85 时，方可用于个人评价。从理论上讲，一种测评工具的效度不会大于其信度的平方根。因此，可以用这一关系来评估领导人才选拔测评工作，避免做出错误测评决策。

（三）诊断、预测和激励相结合原理

诊断是指通过测评对领导人才素质状况优劣、水平高低的鉴别和评定。预测是指运用测评工具施测的结果要对测评对象能力素质的发展趋向及未来工作绩效做出较为准确的推断。激励是指通过测评促进测评对象肯定自己，分析不足，进一步扬长避短，争取更好的发展。在领导人才测评工作的前期设计、过程实施和结果应用等环节中，都应坚持评价、预测和激励相结合原理，最大限度地发挥测评的价值。

三、领导选拔的基本原则

领导人才的选拔测评应坚持公正性原则和科学性原则。

公正性原则，主要包括两个方面。一是制定公正合理的领导人才选拔标准，确保人人都能平等竞争，参与选拔。制定选拔标准时要避免偏见，特别是要克服民族、性别、年龄、相貌、资历等方面的成见。二是整个选拔任用的过程坚持做到公开公正。公开是平等竞争的必要条件，只有选拔实施过程阳光化，去除神秘化，置于社会和群众的监督之下，才能令人信服，才能保证人才选拔的质量。

科学性原则体现在内容、形式和手段等方面。领导人才选拔所依据的政策法规是否科学，具体的选拔实施方案是否科学，以及领导人才选拔测评方法是否科学等都是我们要重点关注的。只有制定科学的测评标准，科学地运用相关测评方法技术，才能促使优秀领导人才脱颖而出，实现选贤任能。

四、现代领导选拔工作体系

领导测评是评价领导人才能力素质发展状况的重要手段，是实现选贤任能的重要途径。但是需要明确的是，任何方法技术都有其适用条件和效用边界。在领导选任实践中，既要正确运用领导测评方法技术，也要从制度、文化等层面思考领导选任工作。

1. 立足于我国政治体制、经济基础、文化传统、社会观念实际，着眼构建适应新的历史条件下党政领导干部和国有企业经营管理人才队伍建设需要的领导干部与领导人才选拔任用制度体系。要总结改革开放以来，特别是党的十八大以来党政领导干部和国有企业经营管理人才队伍建设工作取得的新经验、遇到的新问题。强化顶层设计，在总结经验的基础上不断创新，增强领导干部选拔任用制度体系的吸纳、修正和整合能力，不断完善制度体系。

2. 领导测评既涉及方法运用本身的问题，也涉及测评方法与选拔制度的匹配问题。在实践中，要把领导测评方法放到整个领导人才选拔任用制度体系建设的大局中去考虑。注重制度与制度、制度与方法之间相互配套衔接、协同推进，从系统性、整体性的高度开发系列的适合我国领导人才选拔测评方法技术。尤其是不能简单引进、直接照搬西方的人才测评方法技术，否则容易出现水土不服，甚至误用误判的情况。经过多年的探索和实践，本土化的、适合中国情境的领导人才选拔测评方法技术不断涌现，为我国领导选任提供了强有力的技术支撑。

3. 领导选拔测评是测评对象、测评工具、测评人员、选拔决策等多因素交互、复杂的综合性工作，需要借助各种办法措施，需要采取综合运用定量、定性等多种方法。因此，对测评方法的选择和技术工具的应用必须采取科学慎重的态度。要善于综合各种方法技术的优点，注意取长补短，使这些方法技术真正发挥应有的作用。

4. 领导测评工作专业性强，对测评工作者的能力素质提出了较高要求。从事领导选拔测评，不但要对领导人才的整体特点有较为深刻的认识，更要具备领导人才测评的专业知识和技能，尤其要熟悉掌握各种测评方法开发与应用的技术要领和操作规程。如果领导测评工作者不熟悉有关领导测评方法，不能正确实施测评、测验，不能客观准确解释测评结果，则会造成领导测评工作出现失误乃至失败。此外，领导测评工作者还要掌握《党政领导干部选拔任用条例》等相关制度规定，严格依照领导测评相关准则操作，保护测评对象的个人隐私，严格保密。慎重对待测评结果，确保其准确性、真实性、可靠性和有效性，通过自身的专业性工作，真正发挥领导选拔测评应有的作用。

五、领导选拔的主要方法

领导测评的具体方法很多，主要包括笔试、面试、评价中心、资历评价、心理与行为测量等方法技术等。

笔试属于较为传统的领导选拔测评技术，主要用于测试领导者的基本知识、专业知识、外语知识，以及分析问题、解决问题的能力和文字表达能力等。面试是测评人员通过与测评对象面对面交谈、提问，对其知识、能力、经验等有关能力素质进行观察、评价的测评技术。面试可分为结构化面试和非结构化面试两种，非结构化面试没有固定模式和测评内容，也没有固定的评分程序，以总体印象和判断作为选拔决策的依据；结构化面试则根据领导职位要求，运用特定评价内容、方法和评价标准，严格遵循固定程序组织面谈提问的标准化测评技术。目前，结构化面试广泛应用于党政领导干部和国有企业领导人员选拔测评实践，是重要的领导测评技术。

评价中心技术比较适用于领导与管理人员的选拔测评，其主要特点是工作情景模拟并综合运用多种评价方法、多种评价源，来评价测评对象的能力素质。多种评价方法包括无领导小组讨论、公文筐测试等情境模拟技术。评价中心通过各种情境模拟方法，创设动态的、较真实的环境条件来观察测评对象在当时情景中的心理和行为反应，使测评结果更为客观、真实、准确、有效。

资历评价技术是通过对测评对象的个人背景、工作与生活经历进行分析，来判断其对未来岗位适应性的一种领导人才测评技术。资历评价技术是相对于独立于评价中心技术、心理与行为测量技术的一种人才测评方法，具有真实性、全面性、准确性等特点，近年来被广泛应用于领导人才选拔任用工作。

心理与行为测量，是根据心理学、测量学的有关理论和原理，在控制的情境下，向应试者提供一组标准化的刺激，以所引起的反应作为代表行为的样本，从而对人的心理与行为予以数量化的评价。通常来说，是针对个体的认知、情绪和动机、能力或人格而开发的相关心理测验或量表。这些心理测验和量表大量应用于人才测评中，比如韦氏智力测验（WAIS）、瑞文推理测验（RPM）、职业兴趣测验（VPI、SDS）、职业性格测试（MBTI）、领导意见调查表（LOQ）、领导者行为描述调查表（LBDQ）、明尼苏达人格量表（MMPI）、卡特尔人格量表（16PF）、艾森克人格因素量表（EPQ）、大五人格测验（NEO-FFI）等。需要说明的是，心理与行为测量是一项专业性很强的工作，测评人员必须经过系统严格训练以取得相应施测资格，并要遵守相应的职业道德，如对测验材料和测评结果保密等。作为洞察人心、测量行为的技术工具，心理与行为测量技术目前还不是很完善，只是作为人才选拔的辅助手段。在人才测评实践中，只有将其与笔试、面试、评价中心技术和资历评价技术等结合起来，互相补充，才能发挥其应有的作用。

第三章
领导人才胜任特征指标体系

领导人才胜任特征是领导人才履行领导职责，胜任职位工作，取得工作业绩的基本要求。领导人才胜任特征指标体系，是这些基本要求的内容体现和水平标准，是主管部门、用人单位、测评人员、测评对象等领导人才选拔工作中涉及的各个主体依据的同一测评准则。建立领导人才胜任特征指标体系，以便对不同测评对象的能力素质水平进行准确、合理的比较与评价。

第一节　我国领导人才胜任特征的研究应用

我国对党政领导干部胜任特征的研究始于 20 世纪 80 年代中期。徐联仓等（1985 年）指出，个人品质、人际关怀和任务达成是中国领导干部应具备的 3 项最为重要的胜任特征。2004 年以来，关于我国党政领导干部胜任特征研究与应用不断增多，构建了不同层级、不同类别的党政领导干部胜任特征标准体系和评价方法，对推动领导干部选拔测评工作发挥着越来越重要的作用。

一、党政领导干部通用胜任特征要素

肖余春和孙兰（2004 年）在过去研究的基础上提出，我国党政领导干部的胜任特征模型由基本思想能力、基本管理能力和创新能力 3 个维度构成，并指出这 3 个维度对党政领导干部达成工作效能有重要意义。梁建春等人（2007 年）以行为事件访谈法为胜任特征要素识别方法，初步得出我国政府公务员的通用管理胜任特征模型，包括知识、技能、政治素质、能力和品质

5 个维度，其中，能力维度又可细分为一般能力、专业能力、协调能力和战略能力。王登峰和崔红（2006 年）通过对访谈、问卷调查和统计分析，构建并确认了中国基层党政领导干部由工作能力、自我约束、政治素质、领导能力、学习能力和以人为本 7 个维度构成的胜任特征模型。

肖鸣政和陈小平（2008 年）综合使用文献分析法、访谈法和问卷调查法，最终得出中央部委机关干部胜任特征模型，包括政治素质、知识素质、能力素质、基本心理素质、品德素质、观念与理念素质、工作经历与学历 7 个维度。郑学宝和孙健敏（2006 年）通过实证研究，发现县级党委和政府领导正职的胜任特征结构相同，都由知识、能力、素质和个性特征 4 个大维度构成。其中，知识包含基础知识、关键知识和专业知识 3 个维度；能力包含基本能力和关键能力 2 个维度；素质包含思想政治素质、道德素质和身心素质 3 个维度；个性特征包含基本个性和关键个性 2 个维度。胡月星（2007 年）对宁波市厅局、处、科三级党政领导干部胜任特征进行了研究，最终得出宁波市厅局级、处级、科级领导干部通用胜任特征要素，包括关键心理品质和能力要素 2 个维度。胡月星（2012 年）通过访谈法和问卷调查法，在对 2506 份问卷数据的分析基础上，得出了我国国家公务员的通用胜任特征模型结构。该通用模型主要由知识、能力和品质要素 3 个维度构成，进一步研究确定了国家公务员的 7 项核心能力要素（包括解决实际问题、政策贯彻、政治鉴别、合作共事等）、7 项关键品质要素（包括务实精神、责任心、廉洁、进取心等）和 5 项关键知识要素（包括政策法规、领导科学、公共管理、业务管理和经济管理）。

二、党政领导干部专业胜任特征要素

赵耀（2005 年）以中央国家机关 98 名人事干部作为研究对象，基于对人事干部工作职位的分析，构建了包括完成任务能力、机关业务能力、人际交往能力、个人素质能力和管理能力 5 个维度的胜任特征模型。林忠和王慧（2008 年）提出财政厅处级领导干部特征模型，包括政策推演、综合思维、组织构建、制度建设、业务素养和领导受控 6 个维度。周敏（2012 年）通过研究，提出税务系统公务员包括政治及业务素养、执行与学习能力、责任心与归属感、人际关系处理能力和身心要素 5 大模块的胜任特征模型。

总结上述相关研究，我国党政领导干部胜任特征模型大多包括品质（通常所说的"德"）、能力（通常所说的"才"）、政治素质 3 个方面，这也体现了党和国家一直强调的干部"德才兼备"标准。

三、国有企业经营管理人员胜任特征要素

时勘（1999 年）采用行为事件访谈技术提出了我国通信业高层管理者的胜任特征要素包括：影响力、组织承诺、信息寻求、成就欲、团队领导、人际洞察力、主动性、客户服务意识、自信和发展他人。王重鸣（2000 年）通过实证评价，提出管理胜任特征由管理素质和管理技能 2 个维度构成，但在具体的要素上，不同层次的管理者具有不同的结构要素。正职管理者在管理素质维度上具有价值倾向、诚信正直、责任意识、权力取向等特征；在管理技能维度上具有协调监控能力、战略决策能力、激励指挥能力和开拓创新能力等特征。对于副职管理者来说，在管理素质维度上由价值倾向、责任意识、权力取向 3 个要素构成，在管理技能维度上由经营监控能力、战略决策能力、激励指挥能力 3 个要素构成。

苗青、王重鸣（2003 年）提出基于企业竞争力的企业家胜任特征要素，包括机遇能力、关系能力、概念能力、组织能力、战略能力和承诺能力。项成芳（2003 年）通过实证研究，提出南京市国有企业高层管理者胜任特征模型，具体包括 8 个要素：责任感、沟通协商能力、权力动机、良好心态、组织决策能力、战略控制与洞察能力、问题解决能力、专业影响力。王文新（2005 年）通过对河北省国有企业经营管理者的实证研究，提出国有企业经营管理人员的 8 项胜任特征要素：机遇能力、关系能力、组织能力、战略决策能力、领导指挥能力、学习能力、情绪能力、企业家精神。胡月星（2010 年）以东北电网有限公司领导干部为研究对象，通过焦点访谈、问卷调查，得出

国有企业经营管理人员的核心胜任特征包括知识要素、能力要素、品质要素。其中，知识要素分为专业知识、行业管理知识和通用知识；能力要素包含沟通能力、协调能力、决策能力、执行力、管理能力、人力资源开发能力、团队建设能力、业务拓展能力、政策贯彻能力、学习能力和创新能力；品质要素包括职业品德、价值取向和态度行为。

四、国家对领导人才能力素质的相关要求

2010 年党中央国务院制定实施的《国家中长期人才发展规划纲要（2010—2020 年）》提出，按照加强党的执政能力建设和先进性建设的要求，以提高领导水平和执政能力为核心，以中高级领导干部为重点，造就一批善于治国理政的领导人才，建设一支政治坚定、勇于创新、勤政廉洁、求真务实、奋发有为、善于推动科学发展的高素质党政人才队伍。2011 年中央组织部、中央统战部、国资委等部委印发的《企业经营管理人才队伍建设中长期规划（2010—2020 年）》提出，适应产业结构优化升级和实施"走出去"战略的需要，培养造就一大批具有全球战略眼光、市场开拓精神、管理创新能力、社会责任感的优秀企业家和一支高水平的企业经营管理人才队伍。2014 年中央办公厅印发的《2014—2018 年全国党政领导班子建设规划纲要》，紧扣"政治坚定、能力过硬、作风优良、奋发有为"的执政骨干队伍 16 字要求、"信念坚定、为民服务、勤政务实、敢于担当、清正廉洁"的好干部 20 字标准。提出了加强领导班子建设的 5 个方面的基本目标：建设信念坚定、政治可靠的领导班子，建设严守党规、依法执政的领导班子，建设作风优良、清正廉洁的领导班子，建设改革创新、敢于担当的领导班子，建设能力过硬、实绩突出的领导班子。

2009 年，中央组织部印发了修订后的《党政领导干部公开选拔和竞争上岗考试大纲》。该考试大纲规定了对领导干部考试测评的方法主要包括笔试和面试方法。笔试测评要素主要有：理论素养、公共知识素养、政策法规水平、分析解决问题能力、文字表达能力等。面试测评要素主要有：综合分

析能力、语言表达能力、组织协调能力、人际沟通能力、决策能力、创新能力、应对突发事件能力、选拔职位需要的特殊能力、个性特征等。2003年国家人事部印发《国家公务员通用能力标准框架（试行）》，以法规形式确定了国家公务员9项能力指标，包括政治鉴别能力、依法行政能力、公共服务能力、调查研究能力、学习能力、沟通协调能力、创新能力、应对突发事件能力、心理调适能力。应该说，党和国家对党政领导干部应具备能力素质的要求越来越明确。这些要求总的来说还比较概括，在领导人才选拔测评实践中，尤其需要根据具体职位进一步细化、明确具体能力素质及其水平标准。

2014年修订后的《党政领导干部选拔任用条例》对习近平总书记提出的好干部标准进一步进行了明确。信念坚定，党的干部必须坚定共产主义远大理想，真诚信仰马克思主义，矢志不渝为中国特色社会主义而奋斗，坚持党的基本理论、基本路线、基本纲领、基本经验、基本要求不动摇。为民服务，党的干部必须做人民公仆，忠诚于人民，以人民忧乐为忧乐，以人民甘苦为甘苦，全心全意为人民服务。勤政务实，党的干部必须勤勉敬业、求真务实、真抓实干、精益求精，创造出经得起实践、人民、历史检验的实绩。敢于担当，党的干部必须坚持原则、认真负责，面对大是大非敢于亮剑，面对矛盾敢于迎难而上，面对危机敢于挺身而出，面对失误敢于承担责任，面对歪风邪气敢于坚决斗争。清正廉洁，党的干部必须敬畏权力、管好权力、慎用权力，守住自己的政治生命，保持"拒腐蚀、永不沾"的政治本色。

不仅是党政领导干部要坚持好干部标准，军队干部也要按照好干部的标准，坚持做到对党忠诚、善谋打仗、敢于担当、实绩突出、清正廉洁。国有企业领导人员是党在经济领域的执政骨干，也必须做到对党忠诚、勇于创新、治企有方、兴企有为、清正廉洁。这些"好干部标准"进一步丰富和发展了德才兼备、以德为先干部标准的时代内涵。

第二节　领导人才胜任特征指标体系的建立

胜任特征指标体系，就是按照领导人才工作的特点和工作职位的要求，确定细化具体的核心胜任特征要素指标，以及这些要素指标的层级结构。确定领导人才胜任特征指标体系和测评内容，就可以有针对性地选择、开发相应的领导测评方法技术。

一、领导人才胜任特征指标体系的内容

综合近年来我国领导人才胜任特征研究与实践，结合"德、能、勤、绩、廉"考核标准，领导人才胜任特征指标体系一般包括知识结构、品德结构、能力结构、素质结构、绩效结构5个方面的内容。

1.知识结构：指领导人才胜任工作所必备的知识，并能运用这些知识指导实际工作。

2.品德结构：指领导人才对待事业的态度、社会道德、思想意识和工作作风。

3.能力结构：指领导人才完成各类专业性活动所具备的能力，如协调能力、表达能力和沟通能力等方面。

4.素质结构：指领导人才完成各项任务应该具备的体力、精力和意志力等。

5.绩效结构：指领导人才通过努力所取得的工作绩效及其具体要求指标等。

组成领导人才胜任特征指标体系的每个方面，都由相应的子要素指标组成。其中，知识结构包括专业知识、行业管理知识和通用知识等，品德结构包括事业心、责任心、原则性、积极性、政策性、职业道德等，能力结构包括用人能力、授权能力、应变能力、激励能力、创新能力、计划能力、表达

能力、沟通能力、协调能力、判断能力等，素质结构包括工作坚持性和精力等，绩效结构包括工作成绩、工作质量、工作效率等。

二、建立领导人才胜任特征指标体系的方法

确定领导人才胜任特征指标体系，关键是确定核心胜任要素。确定核心胜任特征要素的主要方法有直接观察法、行为事件访谈法、工作分析法、问卷调查法、工作案例分析法、专家小组讨论法、资料文献法、专家系统数据库等。这些方法各有其优点又各有其缺点，实践中可根据具体的领导职位要求，考察这个职位所处的环境，包括有形的和无形的背景环境，同时考虑组织的行业类型、组织战略和目标、组织文化和价值观等方面，从而决定选用什么方法来建立领导人才胜任特征指标体系。

比较典型的方法就是行为事件访谈法（BED）。针对一个领导职位，找出两组相对样本。一组为绩效优秀者，另一组为绩效普通者。对他们进行深入访谈，让被访谈者举出2—3个具体的行为例子和"关键事件"来说明导致他们成功（或失败）的关键要素（详细询问何时、何地、何人、何原因、何结果等）。然后，由专业人员对访谈资料进行系统分析和根据胜任特征编码词典进行精密的编码，通过统计分析，找出优秀组和普通组存在区别的特征要素。这些存在区别的特征就是这个领导职位的核心胜任特征要素。在操作上，也可以只针对优秀或卓越的领导者在工作中所处理的关键事件来分析其核心胜任特征要素。

问卷法是一种相对便利而快速的收集大量数据的方法。通过综合文献，结合访谈等方法，编制调查问卷，对足够大的样本进行调查，再回收问卷进行数据分析和确切的解释。如果有现成的职位分析问卷，也可用来进行胜任特征数据的收集。这种方法适用面广，应用广泛。

三、建立领导人才胜任特征指标体系的步骤

对于某一具体的领导职位来说，构建领导人才胜任特征指标体系一般

包括以下 3 个步骤：第一步，通过领导职位分析，确定领导职位的优秀绩效标准。关于领导职位分析，在第四章会详细介绍。第二步，通过访谈法、问卷法、文献法等初步确定核心胜任特征要素及其结构。第三步，通过问卷法、效标比较法等对这些胜任特征要素进行验证，最终确定这一领导职位的核心胜任特征指标体系。在实际领导人才测评工作中，核心胜任特征指标体系的构建步骤与领导职位分析工作有很多类似的地方，很多时候可以同步进行。需要强调的是，某一领导职位的核心胜任指标的构建过程是一个反复修正的过程。有时候是在指标体系构建过程中不断调整、修改，有时候是在开展领导选拔测评之前对一些关键胜任特征要素进行细化调整，还有的时候则是根据测评结果的反馈情况，或增补一些关键性指标，或对有些指标进行修正。

第四章

领导职位分析

　　领导职位分析是一种确定完成职位上各项工作所需的核心胜任特征要素的系统过程，也是开展领导人才测评的首要环节。作为一种人力资源管理方法技术，职位分析是领导人才选拔任用中的关键性基础工作。通过职位分析，将不同岗位、不同职业的领导胜任特征要素界定清楚，从而正确选择合适的测评方法。

第一节　领导职位分析概述

一、领导职位分析的概念

　　领导职位分析，也称领导工作分析、领导岗位分析，指获取与领导职位工作有关的详细信息的过程，其实质是确定某一领导职位所包括的工作内容及领导者应具备的知识、技术、能力、品质。具体而言，包含7个方面的内容：用谁（who）、做什么（what）、何时做（when）、在哪里做（where）、如何做（how）、为什么做（why）及为谁做（whom）。

　　职位分析涉及工作要素、工作任务、工作职责、工作岗位、职务等概念。工作要素指工作活动中不便再继续分解的最小单位。工作任务指工作活动中为达到某一目的而由相关行动直接组成的集合，是对一个人从事的事情所做的具体描述。工作职责指由某人在某方面承担的一项或多项任务组成的相关任务集合。工作岗位指由一个人完成的一项或多项相关职责组成的集合。职务指主要职责在重要性和数量上相当的一组职位的统称。进行领导职位分析，就是要对这些概念进行澄清、予以明确。职位分析的结果是职位说明书或工作说明书。职位说明书是记录工作分析结果的文件，它把所分析该岗位的职责、权限、工作内容、任职资格等信息以文字形式记录下来，形成规范性文书。

二、领导职位分析的作用

通过领导职位分析，为领导人才的选拔任用、教育培训、绩效考核、薪酬管理，乃至组织结构设置、领导人才资源规划等提供重要的依据。具体到选拔任用工作来说，领导职位分析的作用主要有：第一，有助于了解领导职位的工作和组织环境，明确这个领导职位的功能和作用，特别是在整个组织中起到怎样的作用。考虑设置这个领导职位背后所反映的组织目标和战略的要求。第二，有助于确定选拔测评的人选资格。如学历、专业、经历、身体条件等。第三，有助于确定领导选拔测评的重点内容。通过职位分析所形成的工作说明书，明确领导职位的工作性质、工作强度以及需要具备的核心能力素质要求。这就是选拔测评的标准，是具体选拔测试活动的重要依据。可以说，领导职位的工作说明和规范描述得越细致、精准，越容易确定测评内容及其权重，从而更便于选择合适的测评方法和工具。当然，确定领导选拔测评内容和标准时，不仅要以工作说明书为依据，也要考虑和体现组织发展中对该领导职位和人选的新要求。第四，也为开展选拔测评工作效果评价提供了效标依据。

三、领导职位分析的原则

领导职位分析作为领导人才测评的基础性工作，应注意把握系统性、动态性、专业性等原则。系统性原则，是对某一领导职位进行工作分析时，要注意该工作与其他工作的关系以及该工作在整个组织中所处的地位，从总体上把握该工作的特征及对人选的要求。动态性原则，是根据组织战略、环境变化、职能调整，经常性地对职位说明书进行调整。专业性原则，是从领导职位出发，运用专门的信息收集技术和分析方法分析职位的内容、性质、关系、环境以及人选胜任特征要求。

四、领导职位分析的内容

领导职位分析的内容取决于组织的战略目标和形势任务。通常情况下，领导职位分析包括工作描述和工作规范。工作描述和工作规范一起构成职位说明书。

（一）工作描述

工作描述是关于一种工作中所包含的任务、职责以及责任的确定。任务、职责和责任是可以观察到的活动。由于组织的不同，工作描述的内容也不尽相同。但一般工作描述应包含以下内容：

1.工作概况。它说明工作名称、工作编号（或工号）、所属的部门、工作时间与地点、工作关系等。工作名称应简明扼要，力求反映工作的内容与责任。工作编号是组织对各种工作进行分类而赋予的编号，以便于对工作的识别、登记、分类等管理工作。所属的部门是指对工作的性质的界定以及所在部门。工作时间与地点是指完成工作活动的时间范围以及主要的地点。工作关系即该项工作活动接受的监督、所施与的监督的性质与内容，或者该工作活动结果对组织的影响，通常是描述该工作的直接上级、直接下级或服务对象。

2.工作目的。是用简短而精确的陈述来说明组织为什么要设立这一工作。通常，工作目的用一句话就足以表达清楚了，但一定要从组织机构的观点来看这一工作的意义和目的。

3. 工作职责。是说明关于一件工作最终要取得的结果的陈述。换言之，为了完成本项工作的目标，任职人员应在哪些主要方面开展工作活动，以及取得什么样的结果。这是工作描述的主体部分，必须详细描述。

4. 工作条件与物理环境。工作描述还应说明执行工作任务的条件，如使用的办公设备、原材料、工具和机器设备等，以及工作的物理环境，包括工作地点的温度、光线、湿度、噪声、安全条件等，还包括工作的地理位置以及可能发生的意外事件的危险性等。

5. 社会环境。是说明完成工作的任务所需要涉及的工作群体及人际关系。完成工作所需要的人际交往的数量和程度；与组织内各部门的关系；工作活动涉及的社会文化、社会习俗等。在全球经济一体化的趋势下，工作社会环境的描述是一个新的趋势。

6. 职业条件。由于人们常常根据职业条件来判断和解释职务描述中的其他内容，因而这部分内容特别重要。职业条件说明了工作的各方面特点，包括工作时数、工资报酬、福利待遇、该工作在组织中的地位、晋升机会、工作的季节性、进修机会等。

（二）工作规范

工作规范是一个人为了完成某种特定的工作所必须具备的知识、技能、能力以及人格特征的清单。这里所说的知识、技能、能力以及人格特征都是一些不能被直接观察到的与人有关的特点，只有当一个人实际承担起工作的任务、职责和责任的时候，才有可能对这些特点进行观察。工作说明书一般应包含以下内容：

1. 一般要求，包括年龄、性别、学历、工作经验等。

2. 生理要求，包括健康状况、力量与体力、运动的灵活性、感觉器官灵敏度。

3. 心理要求，包括一般智力、观察能力、集中能力、记忆能力、理解能力、学习能力、解决问题能力、创造力、数学计算能力、语言表达能力、决策能力、交际能力、性格、气质、兴趣、爱好、态度、事业心、合作能力、领导能力等。

五、领导职位分析的操作流程

从实际操作来说，领导职位分析流程主要包括准备阶段、调查阶段、分析阶段和完成阶段 4 个环节。

1.准备阶段。准备阶段是领导职位分析工作的设计与计划环节。要在明确职位分析的目的与任务的基础上，成立职位分析小组，并对职位分析人员进行专业培训。职位分析小组的成员一般由组织的高层领导、专业职位分析人员、外部专家顾问等不同来源的人员组成。职位分析小组要根据职位分析的目的与任务，制订较为详细的、可执行的职位分析工作方案，选择合适的方法工具，明确具体的时间进度，便于指导和控制整个职位分析工作。

2.调查阶段。根据职位分析工作方案，做好前期职位信息收集工作，主要包括职位的基本信息、与之相关的主要工作活动、涉及的主体及其行为、工作背景条件、工作绩效标准及其对人选的一般性要求和特殊性要求等。在此基础上运用管理职位分析问卷、行为事件访谈、资料分析法等多种方法进行深入的职位信息调查。

3.分析阶段。首先对收集到的职位信息资料进行分类、归类，如有遗漏及时补充调查、收集，同时要核查所有信息的准确性，避免信息偏差与失真。然后按照职位说明书的规范性要求，对职位信息进行抽象、概化处理，为编制职位说明书提供素材。在概化处理过程中，避免工作活动的简单罗列，要提炼、抽象、加工，要把目标职位的核心工作和本质要求体现出来。在分析过程中，既要考虑到职位特征，也要考虑人的因素；既要立足于职位现状，也要着眼于职位未来。

4.完成阶段。这一阶段的核心工作是编制职位说明书。领导职位说明书，是指用书面形式对组织中各类各级领导职位的工作性质、工作任务、责任、权限、工作内容和方法、工作环境和条件，以及本职务任职人资格条件所做的统一要求。首先，根据对职位信息资料的分析，按照规范格式编写职位说明书的初稿；其次，反馈给相关的人员进行核实，征求修改意见；最后，经过反复修订，形成工作说明书的定稿。

第二节 领导职位分析的方法

领导职位工作分析方法很多，如观察法、问卷法、访谈法、日志法等。在领导测评实践中，可以根据测评目标来选用其中的一种，也可将它们结合起来使用。下面简要介绍几种常用的有关领导职位分析的具体方法。

一、管理职位描述问卷法

问卷法是常用的职位分析方法。运用最为广泛的是麦考密克（Ernest McCormick）等人研究开发的职位分析问卷（PAQ）。对领导与管理职位，进行结构化的、定量化的问卷调查，则常使用托诺（W.W.Tornow）和平托（P.R.Pinto）研究开发的管理职位描述问卷（Management Position Description Questionnaire，MPDQ）。该问卷是针对管理工作的特殊性而专门设计的，其特点侧重于对工作本身的有关特征进行分析和研究。

管理职位描述问卷通过收集与管理岗位相关的联系、协作、决策、控制、人际交往、知识能力等方面的数据，利用计算机信息分析程序对各类管理工作进行界定，准确、全面地提供不同管理岗位的工作范围、工作行为、决策过程、工作联系、任职条件以及上下级管理与汇报关系等多种信息，为高效完成管理岗位的岗位说明书编制、管理岗位评价、管理人才选拔、管理人才培训、管理者任职资格体系和职业生涯发展通道建设以及管理者绩效考核与薪酬设计等工作提供支持。

管理职位描述问卷经过多年的不断修订，出现各种不同的版本，总共涉及 1500 多个描述工作行为的题目。目前常用的版本包括以下 15 个部分：

1. 一般信息。这部分主要包括职位代码、职位名称、工作职能范围、人力资源管理职责、财务管理职责和预算权限以及管理下级的类型和人员数量等描述性信息。

2. 决策。这部分主要包括决策活动和决策复杂程度。决策活动是一个过程，可以反映出决策过程中的各项行为，为职位描述和职位评价提供信息，决策的复杂程度与决策背景因素相关，可为职位工作评价提供依据。

3. 计划与组织。计划与组织主要描述组织战略计划的制订与执行情况。

4. 行政。这部分内容主要评估管理者的文件处理、公文写作与管理以及记录等行政管理活动。

5. 控制。这部分内容主要包括项目跟踪、质量控制、财务预算、产品生产、工作成效分析和其他商业活动等。

6. 督导。这部分内容主要描述的是与监督、指导下属相关的活动和行为。

7. 咨询与创新。咨询与创新主要描述技术性专家的工作行为，一般是为某类或某项工作以及直接或间接的下属提供专业性和技术性工作咨询与指导。

8. 联系。联系主要包括内部联系和外部联系，收集的信息包括联系对象、联系目的和联系方式与方法等。

9. 协作。协作主要描述内部联系过程中的工作行为，通常表现为部门内部与部门之间的协作活动。

10. 表现力。这部分内容所描述的行为通常发生在营销活动、谈判活动和广告宣传活动中管理者的表达能力。

11. 监控商业指标。这部分内容的适用对象多是企业的高级经理人，商业指标包括财务指标、经济数据指标、市场类指标等。

12. 综合评定。这部分内容根据上述部分将管理活动划分为 10 种职能，要求问卷填写者评估这 10 种职能分别占整个工作时间的比重以及它们的相对重要程度。

13. 知识、技能和能力。这部分内容要求问卷填写者分析为高效完成工作所需要的知识、技能和能力要求，包括对 31 种素质的评定。本部分内容还要求问卷填写者回答为保证高效完成工作所需要接受的培训。

14. 组织层级结构图。这部分内容给出了一般性的组织层级结构图，让问卷填写者填写他们的下属、同级、直接上级和上级的上级分别是什么职位。

15. 评论。问卷的最后一部分要求问卷填写人员反馈对问卷的看法。首先，问卷填写者要回答自己所任职岗位的工作有多大比例的内容被本问卷涵盖；其次，问卷设计了 5 个问题，让问卷填写人员评定问卷总体、问卷题目以及问卷模式的质量和使用的难易程度等；再次，问卷填写者还要回答他们花费了多少时间来完成问卷；最后，问卷填写者需要回答是否有本问卷未涉及的重要工作活动，如果有，需要补充说明是什么活动。评论部分的内容有助于收集到其他的重要信息。

尽管管理职位描述问卷施测时间较长，但是由于其充分考虑了管理工作非程序化的特点，能够较好地抓住领导与管理职位的核心要求，在实践中应用较为广泛。

二、管理工作面谈法

管理工作面谈法（Management Job Interview，MJI）是在领导职位分析中大量运用的方法之一，其特点是侧重于对工作本身有关特征的分析和研究。该方法主要用于对领导与管理职位分析。尽管不如管理职位描述问卷法结构完善，但该方法能面对面地交流信息，所以能得到问卷调查难以获得的许多其他信息，如任职人的工作态度与动机等，因此具有问卷法无法替代的作用。

同时，在管理职位问卷调查的基础上，实行管理工作面谈，还可以进一步核实调查问卷的内容，从多角度了解职位相关人员的相互评价，讨论问卷调查中的评论与建议的相关内容。

在实践中，管理工作面谈，容易受到很多人为因素的影响，如访谈者的能力不足和偏见容易造成误解导致信息失真。一般与其他方法结合使用。因此，采用实施管理工作面谈时，应该注意把握好以下几个问题。

第一，设计好管理工作访谈方案，事先详细了解组织和职位的相关情况，尤其要了解目前该职位任职者的工作内容、工作职责、工作模式等诸多方面的情况，了解前期管理职位问卷调查的相关结果。

第二，确定组织内外最了解目标职位的工作内容、与该职位关系密切、能够客观描述其职责的人作为面谈对象。如该职位的前任者、直接上级、直接下属、有密切关系的同级，外部工作对象等。

第三，尊重访谈对象，与其建立良好的关系，营造良好的访谈氛围，用通俗易懂的语言交谈，争取深入、全面收集相关职位信息和具体工作案例；简单地介绍面谈的有关背景、目的和主要内容等。

第四，在面谈前，应准备好要问的问题，这样才能有的放矢，不会漫无边际。最好事先准备一份完整的问题表，并留出空白处可供填写，重要的问题先问，次要的问题后问，让对方有充足的时间从容地回答，最后还可以请对方对问题表进行补充。面谈过程中要做好详细的笔录。

第五，在面谈过程中，也要注意修正偏差。有时被访谈者会有意无意地歪曲其职位情况，如将一件容易的工作说得很难或把一件很难的工作说得比较容易。这要根据与多个相同职位者面谈所收集的资料对比加以校正。

第六，面谈结束后，及时做好面谈结果整理。

三、行为事件访谈法

行为事件访谈法（Behavioral Event Interview，BEI），是一种开放式的行为回顾式探索技术，常用于领导职位分析和胜任特征评价。与管理工作面谈法类似，行为事件访谈法也是通过谈话的方式进行。在访谈过程中，请受访者回忆一年来在工作中最有成就感和挫折感的关键事例，并客观描述以下几个方面的具体内容：（1）是什么因素导致事件的发生，事件是在什么情境下发生的；（2）准确描述自己做了什么，并且这些行为中哪些有效，哪些无效；（3）这些行为可能导致的后果；（4）这种结果是否在自己的控制范围内；（5）个人从中有何体会。通过行为事件访谈，受访者可以直接描述在职位工作中的具体活动。我们可以从这些描述与分析中，判断行为的任何可能的利益与作用。

行为事件访谈在操作程序上与管理职位面谈类似，但是对访谈者专业上的要求比较高。

首先是热身环节，营造良好的访谈氛围。向访谈对象介绍自己，说明访谈目的与程序。特别是要消除疑虑，争取理解、支持与配合。

其次是了解访谈对象的工作概况，如其简要的工作经历、现在的工作任务与职责、工作方式和特点等。这一步骤主要是使访谈对象自然地进入和回顾自己的工作，便于访谈人员捕捉到其工作中关键行为事件的线索。

再次是关键行为事件的描述、挖掘。这是访谈的核心和重点。访谈人员引导访谈对象现身说法，讲故事，采集亲身经历过的两三个典型的成功事例，以及两三个失败事件的细节性信息。在此过程中，访谈对象往往会出现夸大、回避，乃至情绪上的激动、抵触等，尤其需要访谈者能够积极回应，并能因势利导，帮助访谈对象整理思绪、调整情绪，引导他们既沉浸于事件情境中，又能客观冷静分析其前因后果，把访谈不断引向深入，真正获得职位分析所需的信息。同时也促进访谈对象分析、总结自己的工作。这样访谈对象会体会到访谈对自己的价值和意义，更加配合访谈者将访谈深入下去。

最后是抽象概化。这一步骤至关重要。要把对行为事件访谈得来的信息量丰富的访谈记录及相关资料，进行总结归纳，抽象概化成胜任某领导职位所需的核心胜任特征指标，进一步描述说明。

四、其他方法

领导职位分析方法，除了上述方法外，还包括观察法、工作日志法、资料分析法、专家讨论法等。

观察法，是指观察者通过感官或用其他工具仔细观察、记录在正常情况下领导者的工作情况，获得其工作各部分的内容、特点和方法，提出具体的报告。工作日志法，是通过工作任职人自己以工作日记或工作笔记的形式记录其每天工作活动内容的方法。资料分析法，如果职位分析人员手头有大量的职位分析资料，比如类似的企业已经做过相应的职位分析，比较适合采用本办法。专家讨论法，是请一些相关领域的专家或者经验丰富的员工通过讨论来进行职位分析的一种方法。

附录：某市委组织部部长职位说明书（有删减）

编 号		职位名称	组织部部长	部 门	党委组织部
任职人		直接上司	党委书记	分管工作	负责全面工作

任职条件	学 历	本科		资格证书		
	外语水平			经 历		相关工作经历6年
	专业知识	人力资源管理、政工管理、行政管理				
	业务范围	组织与干部工作法律法规、政策制度； 领导管理知识、党建业务知识； 中央党建最新要求及省市党建情况				

职位目的	根据党章、系列党内法规要求，全面掌握全市组织工作情况，组织调查研究，进行党的组织建设，干部管理和组织协调，参与党委决策，当好参谋，保证组织部职能的履行和工作目标的实现，充分发挥组织部门的职能作用

沟通关系		内 部				外 部			
		各处室	班子成员	市委分管领导	市委书记	各部委局办	各县委组织部	各市委组织部	省委组织部
类型	简单		★	★				★	★
	较难	★				★	★		
	复杂								
频率	偶尔							★	★
	经常	★		★		★			
	频繁		★			★			

职责范围 说明：按职责重要程度列出每项职责及其目的	责任程度	衡量标准
党委参谋 每个月组织对党建、党员状况和基层干部状况，进行一次调查研究，以口头或书面的形式向党委报告，提供其思想、干部、组织建设等相关信息和问题处理建议	全责	

职责范围 说明：按职责重要程度列出每项职责及其目的	责任 程度	衡量 标准
参与决策 参加党委会，提出党建和干部管理方面的党委决策建议，对党委其他方面的决策积极发表意见，为党委正确决策提供支持	全责	
组织建设 组织建立健全党组织的机构设置、党员管理、党的活动、党员发展等规章制度和工作计划，保障党组织战斗堡垒作用和党员先锋模范作用的充分发挥	全责	
干部管理 根据《党政领导干部选拔任用工作条例》，负责组织对市管干部进行选拔任用、考核任命、监督管理，负责后备干部队伍建设	全责	
组织协调 根据履行组织部职能活动的需要，负责处理解决上情下达，部门之间、上级下级之间、党员之间职能活动过程中发生的疑难问题和突发事件，保障部门职能活动正常有序运行	全责	
培训服务 根据组织部的职能，组织访谈、访问、慰问、深入实际等多种形式，解决干部、党员在工作、生活中的实际困难，开展党员培训学习，激发干部、党员的积极性，增强凝聚力，树立党的组织部门是"党员之家，干部之家"的形象	全责	
内部管理 根据党委工作条例，在编制范围内，负责组织部的机构设置、奖惩、培训；加强组织部内部建设，增强凝聚力，保证部门职责的履行和工作目标的实现	全责	

第五章

笔　试

　　笔试是一种重要的领导人才测评方法。是一种通过纸笔作答的形式，考察领导人才对相关知识、理论、政策法规的掌握程度，以及运用这些知识、理论、政策法规分析问题、解决问题的能力。设计科学、实施规范的笔试，能够多方位立体地测试应试者从事领导管理工作的能力及其水平程度，简便易行，经济高效。

第一节　领导选任笔试概述

一、领导选任笔试的应用与发展

　　笔试也叫纸笔测试，有时也通俗地用"考试"代指笔试。我国具有悠久的笔试传统，隋唐以后官员选拔的科举考试就是主要通过笔试来进行。笔试广泛地应用于学业成绩评定、人员招录和各种执业资格考试中。目前社会关注度比较高、影响比较大的有全国普通高等学校招生考试（高考）、国家公务员招录考试、国家司法考试、外语水平测试等。自新中国成立，特别是改革开放以来，笔试在党政领导干部选拔和国有企业经营管理人员选拔中得到广泛的应用。1984 年，宁波、深圳、广州等地采用组织推荐与群众推荐相结合、考试与考察相结合的方式公开选拔领导干部。1999 年 3 月，中央组织部印发《关于进一步做好公开选拔领导干部工作的通知》；2002 年 7 月，中共中央印发《党政领导干部选拔任用工作条例（试行）》。在总结各地实践经验的基础上，把统一考试作为领导干部公开选拔的重要环节，规定笔试和面试是领导干部选拔的重要方法。

在实践中，笔试主要测试应试者对领导干部应具备的基本理论、基本知识、基本方法和专业知识的掌握程度，特别是运用这些理论、知识和方法解决领导工作中实际问题的能力，具有比较明显的社会导向性、公平性和经济性等特点。

目前，民主推荐和选拔考试相结合已经成为领导干部选拔测评的一个主要特征。笔试和面试是我国领导人才选拔测评的重要方法，不仅仅应用于党政领导干部的选拔，也应用于国有企业经营管理人员的选拔。

二、领导选任笔试的作用及其局限

作为一种相对独立的选拔测评方法，领导选任笔试具有几个鲜明的优点，主要表现在三个方面：第一，适应面广、经济高效。笔试既可以测试通用知识，也可以测试专业知识；既可以用于知识水平测试，也可以用于能力水平测试，还可以用于人格、情绪、心理健康等各方面的测验。另外，笔试也具有实施起来简便易行，经济高效的优点。第二，误差易控，评定较客观。相对面试、组织考察、群众评议等形式而言，笔试设计、实施、评价等环节客观性强，误差较小且容易监控。笔试在考试内容取样、题型设计、标准确立、施测规范、结果评价及处理等环节均可不同程度地防止、减少或降低各种误差的产生及其影响。第三，笔试不仅仅具有很好的鉴别、评定与预测功能，还具有比较鲜明的督察和引导作用。领导干部选任笔试的测试内容，集中体现了党和国家对领导人才的共性要求。所谓"干什么、考什么""考什么，学什么"。

当然，在近年来的领导选拔测评实践中，笔试本身的局限性也受到社会的广泛关注。比如，笔试测评内容偏重知识性、政策性，容易给人们造成"死记硬背"的印象，加之其能力测评的间接性，测试结果往往不能真实反映出应试者的能力水平。再如，在实践中，一些笔试试题开发人员简单地将学科成绩测验移植到领导测评的笔试中，忽视了领导选拔注重能力测评的要求，这样的笔试测评难以真实准确地反映领导工作特点和应试者的实际能力水平。

应该说，领导选任笔试，不同于一般的学科知识水平考试，有着与领导测评工作特殊性的要求。再者，每一种测评方法都有其特定的测评功能和适用范围。即使开发出适合某一领导职位的综合笔试试卷来，如果将其测评结果没有限定条件地用于解释应试者的全部能力素质水平，结果也会出现不准确、以偏概全等问题。由于人们对领导选任笔试认识得不到位，甚至认识错误，在一定程度上也影响了其功能正常的发挥，甚至扩大和加剧了笔试本身的局限。因此，领导选任笔试功能的大小、强弱、恰当与否以及笔试的科学化、有效性，很大程度上取决于笔试开发设计者、组织实施者、结果应用者等对笔试的认识水平和正确应用的能力。

三、领导选任笔试的开发设计

领导选任笔试的开发设计，就是要科学地确立笔试的目标，确立开发设计的内容，制定具体的笔试形式。这里说的笔试，主要是围绕领导干部通用知识和专业知识素养的测评而开发的笔试。

领导选任笔试的开发设计，一定要从领导职位分析出发，时刻考虑领导选任笔试的主要目标是考察应试者运用相关知识、理论、政策法规去分析问题解决问题的能力水平。而将这个目标转化、细化为可记录、可量化、可测量的笔试测评目标和目标体系，确实是比较难的事情。从领导胜任特征指标体系的内涵和构成来看，分析问题、解决问题的能力可以细化为基础能力和核心能力两部分。其中，由记忆、理解、分析、判断等要素构成的基础能力可视为从事领导工作的一般能力、潜能倾向或智力要素。基础能力是从事一切活动的基础，但它的素质品质又在很大程度上影响着领导人核心能力的形成与发挥。核心能力是从事领导这一特殊工作所必需的能力，它包含规划、决策、目标实现、开拓创新以及领导风格等要素。在领导胜任能力中核心能力起着主导和决定性作用。因此，基础能力和核心能力及其组成要素构成笔试的具体内容。笔试是以一定的知识范围为阈限、用各种试题为反应刺激物，对应试者是否具备领导胜任能力及其程度水平进行测量。

接下来，就是解决领导选任笔试的技术实现问题，要针对某领导职位要求来设计笔试试卷结构。具体来说，将笔试测评内容和目标细化为试卷双向细目表。双向细目表的目的在于克服命题的主观随意性，维护笔试的测评标准和试卷结构的规范，保证考试结果的可靠有效。双向细目表由两维相交的两个向度构成，分别反映试卷结构的不同组成成分及其比例关系。在其横向上，一般包括试卷的内容、题型、难度、分数、时限结构等组合成分；在其纵向上，则反映出测试目标结构以及试卷结构各组合成分的比例与相互关系。双向细目表是试卷结构的具体表现形式，它能够把这些具体类别与指标图表化、数量化。

最后，编制、审定试题也是考试设计的关键环节，这一步骤与考试的成败密切相关。因为编制出来的试题和题目既是全部考试设计思想的载体，同时又决定了考试结果的真实性、准确性与精确性。因此，编制审定试题必须严格遵循科学性、规范性和实效性原则。编审试题一般需历经四个阶段：明确考试要求；收集、选择、研究编题素材；编制试题和试题审查与初选；试题的试测、修改与定稿。

此外，笔试的开发设计还包括制作标准答案及评分标准等工作。

四、领导选任笔试试题的主要题型

试题是考试内容的载体和考试活动两种主体交互的媒介。一般来说，笔试试题可分为客观性试题和主观性试题两种。

客观性试题有三大突出特征：第一，大多数试题的答案为设题者事先所提供；第二，考试结果的评价客观准确，不论用何种方式阅卷评分，均不受评卷者主观意识的干扰，应试者实得分数不变；第三，固定应答，试题既提供测试内容，同时又提供答案，应试者根据自己对主试者质问的理解、分析或推断，从主试者事先拟定的备选答案中选出自己认为正确或符合质问要求的答案。客观性试题最常用的题型有判断题、单项选择题、多项选择题等。

主观性试题具有与客观性试题完全相反的三大特征：第一，试题的正确答案不全是唯一的、固定的，有时一道试题有两种甚至多种正确解答；第二，应试者在同一试题上没有统一的作答模式，允许自由阐述，具有较高的灵活性；第三，评分标准因人而异，没有统一的赋分尺度。主观性试题最常见的题型有辨析题、论述题、案例分析题、写作题等。

近年来，为克服笔试"容易测知识，难以测能力"的局限性，在实践中不断重视和加大领导选任笔试主观性题型的运用，特别是案例分析试题的比重逐步加大。设计高质量、高水平的领导案例分析试题，对改进领导测评方法，提高领导选任笔试的功效具有重要的意义。

第二节 领导案例分析题的开发与应用

一、领导案例分析题概述

领导案例分析题，可以作为笔试的一种题型，也可以单独作为一种纸笔测验，通过给定某领导职位相关的工作案例情境条件及组织或个人所面临的问题，要求应试者根据指定的角色进行一系列分析或决策。案例分析试题能有效地测试领导干部分析问题、解决问题的能力，在领导干部选拔考试测评中发挥着重要作用。

领导案例分析题中的案例具有以下几个特点。第一，每一个案例均是一个独立的、与具体领导或管理职位相关的实际决策问题。很多案例来源于领导与管理工作的一线，来源于工作实践，有的具有一定的复杂性、开放性，有的具有较强的政策性、紧迫性，需要应试者进行综合分析、判断和决策。第二，案例角度多、一题多解。每一个案例的分析与判断，都有多种可供选择的方案，每一个方案均有利弊，甚至潜藏着一定风险，因而要求应试者务必运用多方面的知识、理论、政策法规，联系自身实际，综合自己各方面的才能，通过周密详细的分析，才能做出合理的分析或选择。第三，案例分析题侧重对领导实际能力的综合考察，试题内容体现理论与实践相结合，因而使案例阐述的情景条件和分析要求与指定社会角色的实际工作十分相近，给人以亲切实用之感。第四，案例分析题体现了领导干部选拔能力导向的要求。领导干部选任考试，其目的是客观准确地评价应试者的能力素质，为正确使用干部提供依据。案例分析题与传统题型相比区分度高，能够准确地反映应试者的能力素质水平和适应职位要求的程度。应试者要答好案例分析题，不但要有较宽的知识面，更要有丰富的实际领导经验和较强的领导能力。

完整的领导案例分析题，主要包括案例正文、案例问题和评分参考三个部分。案例正文可以顺序也可以倒序。描述的方法主要是记录性的，就像纪录片一样，真实、自然、文笔简洁、形象生动，一般是含蓄地提出问题，切忌对事件做任何主观评论，对有关和无关、虚假和真实、直接和间接、分散和集中、明显和隐含都要处理得当。案例问题一般在1—3个，2个题目最恰当。案例分析题没有唯一的标准答案。但是在题目编制与设计的时候，主要是制订要点和参考要点。领导案例分析题，比一般性案例复杂，编制与开发难度大，要求高。

二、领导案例分析题的开发

开发编写领导案例分析题，一般要经历确定测试对象与测评要素、选择素材、提炼案情、设计问题、给出参考答案和拟定评分标准等环节。进行领导案例设计与编制时要注意以下问题：

1.科学筛选案例素材。原始素材是案例题的基础，直接关系案例题的质量。原始素材首先取材要真实，最好是来自领导者亲身经历或工作实际；其次取材要典型，立意要高，可以是成功的决策，也可以是失误的决策；最后素材内容要尽可能丰富，详细交代出事件的前因后果，发展脉络以及决策、实施过程中的相关条件（如有关政策及法规、具体数字等）。

编写者面对大量素材，要明确自己所编的案例主题（或立意），其中应包含哪些素材，信息量是多大，以便在素材的使用上划定一个范围。在资料的取舍和加工上要注意三个问题：一是本案例的主题及有关的关键问题是什么？这应该成为素材选择与案例编写的主要依据。二是案例中的决策者（主人公）置身案例情景当中必须掌握的情况有哪些？三是案例中所提供的情况，必须多于案例当事的主角所需的情况。即编写者必须补充足够的背景材料，以便把应试者引入具体的决策情境之中。但也要避免提供的背景材料过多，导致试题难度的降低。

2. 精心构思案例结构。在案例主题确定后，接着就要明确案例的表达方式。案例一般可以按时间结构、逻辑结构、叙述结构、情节结构和说明结构等形式组织内容。由于中央题库目前采用的案例为微型案例，大多数情况下应采用逻辑结构或叙述结构。所谓逻辑结构即将大量杂乱无章的事实，按一定的逻辑关系，分门别类地组织起来。所谓叙述结构即按照事物的产生、演进直至下一步的发展方向，交代来龙去脉。案情简介不应是原始素材的简单重复或缩写，而要在原始素材的基础上反复提炼雕琢。

3. 准确表述案例内容。用生动、简洁、实在、中性的语言将案例内容表达清楚，并能创造一种引人入境的氛围，是案例编写的关键。首先句子要表意清楚，措辞准确。造句上不宜过长，尽量降低读者理解上的难度；用词上尽量少用或不用模棱两可的词以及容易产生歧义的词，要慎用行业术语。文字表述要简练含蓄，不应带出倾向。同时，要生动流畅，能够激发读者的兴趣和想象。内容之间不应构成明显的因果关系。尽量避免使用抽象和判断性语言，如"对"和"错"，"好"和"坏"等词汇。

4. 正确拟定案例问题及参考答案。提问要紧密结合案例内容，不能游离其外。问题要明确具体，使应试者一目了然，不致产生理解上的偏差。同时设问还要巧妙，既要有启发性，给应试者一个较大的思维空间；又要有隐蔽性，不能给应试者在答题思路上以暗示。案例分析试题的参考答案要做到理论结合实际，力求形成解决案例问题的最佳方案。文字表述要清晰、准确，条理分明。同时，要科学确定评分标准，合理分布采分点，为阅卷评分提供较为科学的依据（对开放性的问题，如"这一案例给你的启示是什么？"这类问题的答案也应尽可能给出答案要点或评价标准）。

三、领导案例分析题的应用

领导案例分析题，既可以作为一种笔试题型应用与笔试试卷编制，也可以单独作为一种纸笔测验应用于领导能力测评。为保证测评的有效性，运用领导案例分析题时要注意把握数量、难度与区分度等问题。

（一）数量与组合

从测量理论和测量技术的角度分析，在保证案例难度合理、区分度有效、时间允许的前提下，案例数量越多，用案例分析选拔干部的信度、效度也越高。但时间越长，人的疲劳等因素越会对最终测验结果造成干扰。因此，每个案例分析题的作答时间30分钟左右为宜，一次以案例分析题为主的笔试，可以使用2—3个案例分析题，难度组合上以低、中、高各一个或中等难度案例两个为好。

在案例分析题的组合上要注意差异性。对于一套试卷或一组案例分析题，不同的案例分析题侧重不同领导能力素质的测评。不同的案例在内容上应该加大差异程度，每个案例的内容都是不一样的，这样有利于保证和提高测试的有效性。

（二）难度与区分度

案例的难度是指案例在进行分析时的难易程度。一个案例，如果大部分被试都能取得较高的分数，则该案例的难度就小，反之就大。对于选拔领导人员而言，案例的难度应该控制在接近录取率左右，即较多地采用那些难度值接近录取率的项目。例如要从100名应试者中选拔25名被试，则应该选取难度系数接近 0.25 的案例。在实际应用中，对于一次具体的案例分析选拔而言，应该是用一组案例进行选拔，其中难度系数应该高低搭配，以中等难度的案例居多，一组案例的平均难度系数保持在 0.5 左右为宜。

区分度是指案例分析对被试能力水平差异的区分能力。具有良好区分度的案例，能将不同水平的被试区分开来。案例的区分度可以看作案例是否具有效度的"指示器"，并作为评价案例质量，筛选案例的主要指标与依据。对于案例分析而言，由于分数具有连续性，在被试样本较大时，可以认为项目分数服从正态分布。可将案例分析得分与效标分数（总分）求积差相关系数以取得案例的区分度。

第三节 领导选任笔试的质量分析

广义的笔试质量，既包括试题和试卷质量，也包括笔试实施与管理过程的质量。狭义的笔试质量指试题和试卷质量。笔试质量分析，是根据有关测量学的理论和方法，对试题和试卷的难度、区分度、信度和效度等指标进行分析评价。

一、试题质量分析

试题质量分析是整个笔试质量分析的基础。因为试题是组成试卷的基本单元，试卷的质量在很大程度上取决于试题的质量。通过试题质量分析，对试题进行筛选和修改，不仅可以充分发挥试题的功能，还可因此提高和改进试卷的信度和效度。

（一）试题难度分析

所谓难度是指考试试题对应试者实际水平的适应程度，它是评价试题质量的一个重要指标。

客观性试题的计分，只有两种情况：对的得满分，错的得零分。根据客观性试题计分方式的特点，计算试题难度的方法主要有以下两种：经典理论基本公式法和项目反应理论最大似然估计法。经典理论基本公式法的优点是简单易行，易于理解，但其缺点是试题难度指标受测试样本能力水平的影响，具有样本依赖性，也就是说，同一道试题对能力水平高低不同的两组被试者施测，会得出不同的难度指标。采用最大似然估计法评价试题难度有两个重要特点：一是试题难度指标与应试者能力指标相分离，使试题参数摆脱了对应试者样本特性的依赖，使之成为真正客观的测评手段；二是难度指标和能力指标采用同一对数单位，置于同一量表中，增加了考生能力之间、题目难度之间的可比性。

主观性试题一般采取多项计分的方法，包括分布计分法和评定量表等。前者是指将试题标准答案分解为若干个得分点，评卷者根据应试者符合标准答案给分点的数量和每个得分点的权重，计算该试题在该题的总得分，这种计分方式在辨析题、论述题和案例分析题中比较常见。后者是指包括若干等级的评定量表，由评定者对应试者的特定反应做出评分，如材料写作题的评分。计算主观性试题难度的方法主要有两种：经典理论基本公式法和多层面Rasch模型的最大似然性估计法。经典理论基本公式法直观简便，在选拔考试中应用得比较广泛，但这种方法没有将评定者、应试者和题目难度区分开来，因此所得出的难度指标既依赖于应试者又依赖于评分者。最大似然性估计法依据多层面Rasch模型将影响分数的多种因素分离开来，使主观性试题的难度独立于应试者的能力和评定者的严格度，使试题难度指标成为客观、稳定的参数。

（二）试题区分度分析

试题的区分度是评价试题质量的又一重要指标，它是指试题对不同水平的应试者加以区分的能力。试题的区分度是由应试者在某题得分高低与实际能力之间的关系来确定的。若应试者的实际能力用效标（外在标准）来表示，分析试题的区分度又可称为试题效度分析；若应试者的实际能力水平由考试总分表示，即以考试总分作为反映实际能力水平的指标，则称为内部一致性分析。

依试题回答方式不同和所采用的理论模型不同，试题的区分度分析可分为客观性试题区分度分析和主观性试题区分度分析，经典理论的试题区分度分析和项目反应理论的区分度及适宜度分析。

二、试卷质量分析

试卷质量分析是对整套试卷的信度和效度等指标进行分析，是考试质量分析的重要内容。试卷质量分析可以为改进考试工作提供数据，为以后的考试命题、组织、评卷等指明努力的方向。评价试卷质量的指标主要有信度系数、效度系数和信息函数。这里重点讲述信度系数和效度系数，前者属于反映试卷测评精确度和稳定性的指标，后者属于反映试卷测评有效性的指标。

（一）笔试信度分析

信度是指笔试结果的可靠性，即笔试成绩的可靠程度。所谓可靠性是指采用同一份试卷对同一组应试者进行多次考试，所得结果的稳定程度。信度系数就是多次考试结果之间的相关系数。估计信度系数的方法主要有再测法、复本法、分半法和库理－理查逊公式法和 a 系数法。在大规模选拔考试中应用较多的是库理－理查逊公式法和 a 系数法。

（二）笔试效度分析

笔试的效度是指考试结果的有效性。由于领导选拔所关心的问题是考试能否将胜任工作的领导人才选拔出来，即考试成绩与胜任工作的素质标准之间的关系如何，因此，必须把胜任工作的有关素质要求作为效度标准并求出考试与效度标准之间的关联程度。这就是效标效度分析所要解决的问题。

效标是指衡量考试有效性的参照标准，它必须是与考试目标关系密切且可以独立测量的东西。如果与考试目标没有关系，它就无法衡量考试结果的有效性。如果效标无法独立测量，则无法排除其他无关因素的干扰，所以作为效标的指标必须是既与考试目标有密切关系，同时又可以独立测量的东西。除此之外，选择效标时还必须注意它的客观性、可靠性和实用性。估计效标效度的方法主要有相关法、区分法、命中率法、合成法等，其中相关法是最常用的方法。

附：某部委机关处级领导干部选拔任用笔试试卷

【说明】本试卷总分100分，时限150分钟，请注意把握好时间。

一、单选题（每小题1分，10题，共10分）

1.党的十八大提出，要加快改革财税体制，健全中央和地方财力与事权相匹配的体制，完善促进基本公共服务均等化和主体功能区建设的公共财政体系，构建地方税体系，形成有利于（　　）的税收制度。

　　A.效率优先、兼顾公平　　　　　　B.结构优化、社会公平

　　C.城乡统筹、协调发展　　　　　　D.促进就业、鼓励创新

2.2013年3月17日，李克强总理在人民大会堂与中外记者见面并回答记者提问时说，要让人民过上好日子，政府就要过紧日子，并提出约法三章，从中央政府带头做起，一级做给一级看。下列选项中不属于约法三章的是（　　）。

　　A.政府性的楼堂馆所一律不得新建

　　B.财政供养的人员只减不增

　　C.各类民生支出项目一律不得削减

　　D.公费接待、公费出国、公费购车只减不增

3.经过30多年的改革开放，当前我国改革的复杂性和艰巨性大大增强，我们要以更大的决心和勇气，打好改革攻坚战，在重点领域和关键环节寻求突破。之所以要在重点领域和关键环节寻求突破，是因为（　　）。

　　A.矛盾的主次方面在一定条件下可以相互转化

　　B.内因是事物变化的根据

C.量变是质变的必要准备，质变是量变的必然结果

D.主要矛盾在事物发展过程中处于支配地位，对事物发展起决定作用

4.我们党反腐倡廉建设的基本方针是坚持（　　　）。

A.标本兼治、综合治理、惩防并举、注重预防

B.标本兼治、统筹兼顾、惩防并举、注重预防

C.标本兼治、综合治理、惩防并举、加强监督

D.标本兼治、统筹兼顾、保持高压、注重预防

5.亚当·斯密说过："如果一个社会的经济发展成果不能真正分流到大众手中，那么它在道义上将是不得人心的，并且是有风险的，因为它注定会威胁到社会的稳定。"这句话强调的是（　　　）。

A.在收入分配中要防止出现两极分化

B.提高经济效率是增加社会财富的根本途径

C.公平的收入分配有助于协调人们的利益关系

D.分配要坚持"效率优先、兼顾公平"的原则

6.国家定期公布的 CPI 指数是指（　　　）。

A.贫富分化指数　　　　　　　　　B.企业家信心指数

C.经济发展指数　　　　　　　　　D.消费价格指数

7.王某持匕首抢劫张某，在争斗中王某头部撞击墙角昏迷过去，匕首掉在地上。张某见状，捡起匕首向王某猛刺，刺中心脏导致王某死亡。对于张某用匕首刺死王某的行为，下列说法正确的是（　　　）。

A.属于正当防卫，不负刑事责任

B.属于意外事故，不负刑事责任

C.属于防卫过当，应当负刑事责任

D.属于故意杀人，应当负刑事责任

8."醉里挑灯看剑，梦回吹角连营"的作者是（　　　）。

A.苏东坡　　　　　B.陆游　　　　　C.辛弃疾　　　　　D.李清照

9.含有重要的国家秘密，泄露会使国家的安全与利益遭受到严重损害的文件，属于（　　　）。

A. 秘密文件　　　　B. 机密文件　　　　C. 绝密文件　　　　D. 保密文件

10. 下列表述中正确的一项是（　　　）。

A. GDP 的计算包含了伴随经济增长而来的生态与环境变化的影响

B. G20 峰会宗旨是推动新兴市场国家之间就实质性问题进行研讨，以寻求合作，促进金融稳定和经济发展

C. "金砖国家"指的是巴西、俄罗斯、印度、中国、南非五个国家

D. 东盟是指东亚五国为致力于经济一体化建设而建立的区域性国家联盟

二、判断题（正确的画 √，错误的画 ×。每小题 0.5 分，20 题，共 10 分）

1. 党的十八大提出，建设中国特色社会主义的总布局是指经济建设、政治建设、文化建设、社会建设、精神文明建设五位一体。（　　　）

2. 中国特色社会主义理论体系，就是包括邓小平理论、"三个代表"重要思想以及科学发展观等重大战略思想在内的科学理论体系。（　　　）

3. 税收的开征、停征以及减税、免税、退税、补税，依照财政部、国家税务总局的相关规定执行。（　　　）

4. 教育费附加不是税，但由税务部门按照国家规定征收。（　　　）

5. 市场上商品价格与价值的背离是对价值规律的等价交换要求的破坏。（　　　）

6. 合理的收入分配制度是社会公平的重要体现，初次分配和再分配都要处理好效率与公平的关系，再分配更加注重公平。（　　　）

7. 恩格尔系数在 0.4—0.5 之间，表明人民生活水平为小康型。（　　　）

8. 公民、法人或者其他组织依法取得的行政许可受法律保护，行政机关不得擅自改变已经生效的行政许可。（　　　）

9. 因工作需要，经有关机关批准，公务员可以在机关外兼职，并领取兼职报酬。（　　　）

10. 在组织规模一定时，管理幅度与管理层次成反比关系。（　　　）

11. 第一次国共合作的政治基础是孙中山的新三民主义纲领。（　　　）

12. PM2.5 是地球大气中含量较多的成分，人体对 PM2.5 有一定的抵御、阻挡能力。（　　　）

13. "节能减排"就是节约能源、减少二氧化碳排放。（　　）

14. 香港特别行政区包括香港和九龙两个部分。（　　）

15. 我国柯尔克孜族、东乡族、乌兹别克族信仰伊斯兰教。（　　）

16. 根据《奥林匹克宪章》，奥林匹克精神是相互理解、友谊、团结和公平竞争。（　　）

17. 世界文学名著《悲惨世界》的作者是司汤达。（　　）

18. 云计算是一种通过 Internet 以服务的方式提供动态可伸缩的虚拟化资源的计算模式。（　　）

19. 在 Word 窗口中"复制""剪切"和"粘贴"操作均可以在不同的文档之间进行。（　　）

20. 根据现行规定，在公文的正文中，税务机关的名称可以使用规范化简称。规范化简称为"××国税局、××地税局"，也可根据需要简称为"国税、地税，国、地税局，国地税"。（　　）

三、公文改错（15 分）

1. 下面是某司综合处起草的一份公文，其中存在多个错误或不当之处（不包括字体、字号、颜色方面的问题）。请指出并提出修改意见。

2. 请按照出现错误或不当的顺序作答，标出序号及错误所在位置并提修改意见，例如："1. 正文第 × 段第 × 行，×× 错误，修改意见：××××。"

关于召开 ×× 小型专题座谈会的请示

司领导并 ×× 局长：

为认真贯彻落实局领导的要求，扎实抓好各项工作，切实转变工作作风，深入开展调查研究，充分了解基层情况，根据年初工作安排，我处拟于近期在京外召部分省、市国税局、地税局 ×× 处处长参加的 ×× 小型专题座谈会。现就有关事项报告并请示如下：

1. 会议的内容主要是研究 ××× 政策调整及配套管理措施，也可以就地开展有关调研，听取基层的意见建议或者请有关专家学者到会指导。

2. 请司领导参加并确定参会的具体单位和人员及会议地点，以便我处提前做好相关准备。

3. 由于会议地点待定，加之参会人员可能会有变动，建议会议经费，在会议结束后按实际支出报销。

4. 因会议需要，且我处今年新增2人，建议增配2台笔记本电脑。

另，我处去年相关工作的总结报告已完成（附后），请司领导一并阅示。

以上意见，妥否，请批示。

综合处

二〇一三年一月二十三日

四、案例分析（15分）

【背景】

周一下午2点，某处例会。大家陆续来到会议室，2点20分到齐，张海华处长最后到场。例会除了汇报上周工作和本周安排外，有时还天南海北东拉西扯，甚至到下班时还开不完。大家也基本上习惯了，但对例会的效率时有微词。张处长却对例会制度很得意，认为这是处内很好的沟通平台。

今天的会没有多少新内容。轮到新调入的副主任科员王刚发言时，他简要汇报了上周的工作后，话题一转，提出事关处室职能定位和抓好处室重点工作的几点建议。他的发言出乎大家的意料，年轻人这样提建议是过去没有过的。资格较老的副调研员程伟说："你刚来，这是你操心的事吗？"大家忍不住笑起来，随后七嘴八舌议论纷纷。有的认为王刚言之有理，有的则冷嘲热讽。王刚十分尴尬。

这时候，张处长说："年轻人有想法还是好的，不过先要把本职工作干好。这事不讨论了，今天早点儿散了吧。"

【问题】

1. 请分析张处长、王刚在此次例会上的表现，并说明理由。（6分）

2. 如果你是张处长，怎样打造高效、团结的处室？（9分）

五、写作题（50分）

请阅读以下材料，围绕"转变职能改作风，优化服务求实效"这一主题，结合所在部门某一方面的工作实际，自拟题目，撰写一篇1200—1500字的文章。

【材料1】

现行行政体制仍存在许多不适应新形势新任务要求的地方，国务院部门在职能定位、机构设置、职责分工、运行机制等方面还存在不少问题。主要是：职能越位、缺位问题依然突出，不该管的管得过多，一些该管的又没有管好；职责交叉、权责脱节、争权诿责现象依然较多，行政效能不够高；机构设置不够合理，一些领域机构重叠、人浮于事问题依然存在；对行政权力的制约监督机制不完善，不作为乱作为、以权谋私、贪污腐败等现象尚未得到有效遏制。这些问题，需要通过深化体制改革、完善制度机制特别是职能转变加以解决。

——摘自《关于国务院机构改革和职能转变方案的说明》（2013年3月10日）

【材料2】

税务部门要更好地为广大纳税人服务。……要切实转变职能、改进作风，通过真诚的态度、熟练的业务、先进的科技、有力的改革做好纳税服务，进一步提升税务部门的社会形象。每位税务干部特别是基层的同志都要当好"服务员"，做好"宣传员"，高度重视、及时回应纳税人的诉求，切实加强税收宣传，既要依法征税，又要坚决不收过头税，认真、及时、全面落实好各项税收优惠政策，支持经济社会发展。

领导机关要更好地为基层税务人服务。……各级税务领导机关和领导干部要为基层税务干部职工服好务。既要关心干部的工作和生活，又要关心干部的成长和发展；既要构建激励约束的制度和机制，又要加强思想政治工作，用蓬勃向上的税务文化加以引导。要使税务人心无旁骛想事业、认认真真干实事、廉洁执法树形象。要让大家有梦想、有平台、有干劲，在实现中华民族伟大复兴中国梦的征程中，放飞理想，实现税务人"服务国家、提升自我"的共同梦想。

——摘自王军同志在北京基层税务机关调研时的讲话（2013年4月9日）

【材料3】

近日，某省国税局党组印发了贯彻落实改进工作作风、密切联系群众有关规定的实施意见，从"坚持求真务实、改进调查研究，坚持便捷高效、精简会议活动，坚持改进文风、精减文件简报，坚持从严管理、规范外事活动，坚持廉洁从政、厉行勤俭节约，坚持完善制度、加强督促检查"六个方面，提出了30条具体措施。意见规定，要严格清理、切实减少各类会议，精减各类简报。要改进宣传报道，减少一般性工作情况报道，多宣传基层，多总结推广好经验、好做法。要建立完善税收政策公告制度，及时向纳税人公布税收法律、法规和各项工作制度。意见要求各级国税机关领导干部要以身作则、率先垂范，带头学习领会精神，认真贯彻执行有关规定。各级国税机关要多渠道公开举报电话、邮箱，主动接受监督。

——摘自《中国税务报》（2013年2月6日）

【材料4】

当前国税系统作风建设中存在的主要问题是：（1）单纯把纳税人当作管理对象看待，习惯以管理者自居，对纳税人的感受不在乎。（2）存在作风拖拉现象，不负责任，能推则推，能拖则拖，工作质量和效率低。（3）转变作风、优化纳税服务停留在口头，没有渗透至税务行政的方方面面，制度定得多，措施是否落实、执行效果好坏未深究，等等。

——摘自某市国税局税务干部的调研报告

第六章

面　试

面试是特定情境下考官通过与应试者面对面交谈、提问，对其知识、能力、经验等情况进行观察、评价的测评技术。面试可以较为直观地考察出一个人的风度气质、语言表达能力、知识水平、领导能力、业务能力和情绪稳定性等。目前，面试广泛应用于公务员录用考试、企事业单位招聘考试、党政领导干部和国有企业领导人员选拔测评实践，是一种普遍而常用的领导测评方法。

一、面试概述

（一）面试的特点

面试是特定情境下考官通过与应试者面对面交谈、提问，对其知识、能力、经验等情况进行观察、评价的测评技术。不同于一般的谈话，面试有一定的目的、程序、方式和方法，具有以下几个鲜明的特点。

首先，面试以倾听和观察为主要手段。倾听主要获取应试者的言语信息，其重点是对问题的理解和回答，也包括语音、语速、腔调等情况；观察主要获取应试者的非言语信息，重点是面部表情的观察和身体语言。在面试过程中，考官通过谈话和观察，推断应试者某些方面的知识水平、能力素质状况、自信心、情绪状态、动机水平等情况。

其次，面试是信息双向沟通的过程。对考官和应试者双方来说，面试都是鲜活、生动的考试方式。在面试过程中，应试者并不是完全处于被动状态。应试者也可以通过考官的言行来判断考官的价值倾向、态度偏好、对自己面试表现的满意程度等，进而来调整自己的面试表现。从某种角度来说，考官和应试者都从面试的信息交换中促进思考，获得新知，同时产生情感交流和观点碰撞，乃至能力的较量。

（二）面试的种类

目前，面试的形式已经发展为多种形式。根据不同的分类方法，面试可以分为不同的类别。如按照面试考官人数的不同，可分为一对一面试和考官小组面试；按照面试的标准化程度，可分为结构化面试、半结构化面试和非结构化面试；按照面试试题的内容，可分为情境面试和行为性面试。

1. 一对一面试和考官小组面试

早期常用的面试，是考官和应试者之间一对一的面试，对应试者的评价完全来自这一名考官的认识，因而事实上对应试者的判断是有局限性的。此方式还有一种变式，即两名考官与一名应试者面谈的二对一面试，其中一名考官负责提问，另一名考官负责记录，面试中两人的角色可随时互换，两名考官共同对应试者进行评价。为了进一步避免少数人的个人偏见，对应试者有更准确、公正的评价，后来逐渐发展起考官小组面试，考官人数从三人到九人不等。国外政府机构的公务员和高级行政官员选拔考试，多数都采用这种面试。目前我国公开选拔领导干部的考试，则完全采用考官小组面试。

2. 非结构化面试和结构化面试

（1）结构化面试

有时也称标准化面试，是为避免非结构化面试的弊端应运而生的。它对测评要素、面试问题、程序、时间和测评标准等，都于面试前进行了精心的系统化设计。面试标准化是西方人才测评面试追求了近一百年的结果。后面将专门详细介绍。

（2）半结构化面试

由于结构化面试的结构系统在使用时规定比较刻板，目前还有一种介于结构化面试与非结构化面试之间的面试，即半结构化面试。半结构化面试只是大致规定面试的内容、方式、程序等，允许考官在具体操作中，根据实际条件做一些适度的调整和改变。它的特点是吸取了结构化与非结构化的优点，但是难以改变的是其对考官的素质经验要求也比较高，同时还存在对面试结果公平性的隐患，因此，当考官等各方面条件成熟时可以使用，如果对公平、公正、客观性和社会影响性要求过高的话，应当慎用。

（3）非结构化面试

有时也称为传统面试、自由化面谈等。面试中，考官通常以一种无结构的、开放式的方式让应试者表现个人的过去经验，通常是一对一、面对面地实施。面试的内容、程序都没有明确规定，考官可依据面试进程的需要，随心所欲地发问，也可根据应试者的具体情况及其无拘无束的回答深入追问。具体表现为：面试的问题具有不确定性，问题与问题之间也不具有逻辑性。应试者不同，考官的问题也不同。面试的问题和程序具有高度的自由性。

非结构化面试的优点在于自然灵活和简便易行。考官可以充分发挥自身的主观能动性，应试者的心理压力也比较小，有更多机会展现自我。组织实施也不易受时间、地点和设计形式上的限制，且人力投入也较少。但是，非结构化面试也存在严重不足。表现为：

第一，对考官的素质要求较高，如果考官没有相当的谈话技巧和经验，则很难驾驭整个谈话过程，面试就会变成考官和应试者之间无目标的"闲聊"。

第二，面试问题的不确定性。由于面试问题是考官因人因事制宜而提出的，所以应试者所遇到的问题可能相同，也可能不同，这样就会给公正评价所有应试者的素质带来一些麻烦。

第三，面试评分标准的模糊性。非结构化面试的评分，没有一个明确的标准，主要是根据被试者应回答问题的角度、方式和风格特征来评分，所以面试设计中难以预先给出明确的评分标准，而只能给出一些带有模糊性的标准，由主考根据被试的特征自主评分。因此，许多研究表明，非结构化面试的效度要低于结构化面试。

3. 情境面试和行为面试

情境面试和行为面试是西方国家根据面试内容和题型的不同而划分的，它们都属于结构化面试的一种。情境面试通过应试者在限定情境问题中的反应来预测其未来的行为表现，因此应试者将被问及在给定的情境中他们将如何反应。行为面试则是指应试者个人过去的一些行为表现可以预测其将来的行为结果，因此应试者将被问及有关过去某种行为表现的问题。在实际操作中，情境面试和行为面试常常结合在一起使用。

（三）面试的作用

面试与笔试等测评方法技术相比，具有以下几点作用和功能：

1. 面试可以检测到笔试难以考察到的内容，能够弥补笔试功能的不足。笔试主要通过纸笔作答的方式，很多领导胜任特征指标很难体现出来，比如应试者的仪表风度、情绪状态、动机水平、人际技能、抗压能力等。有些素质特征不能够通过文字形式来表达，但可以通过面试来考察。例如，通过观察应试者的面部表情和身体语言就可判断其自信心、性格特征、情绪等素质特征。

2. 面试可以较好地检测应试者对有关知识、理论和政策的理解和掌握程度，也可以对其能力、工作经验及其他素质特征进行进一步探查、核实与评定。虽然面试是考官和应试者的一种双向沟通活动，但考官仍处于绝对的主导地位，可以通过不断的提问，深入引导、挖掘应试者能否胜任目标职位的有关情况。

3. 面试可以实现对应试者多方面能力素质的测评。从理论上讲，面试只要精心设计、时间充足、手段到位，可以测评出应试者的任何素质。如果说心理测验中的许多问卷是测评应试者的智力、心理、品德等的有效工具，那么把这些心理测验中的问题以口头回答的形式表现出来，也能达到与笔试同样的效果。由于信息量利用的高频率特点，其测评质量可能还会更好。

当然，面试也有其技术本身难以克服的局限性。一是面试的现场性和直接性，客观上要求考官也必须具有较高的把握现场的反应能力和经验。面试进程的顺利与否、评价结果的准确与否，基本上取决于考官具有多强的控制能力和主观判断能力。面试中，考官既是现场导演同时又是演员，必须与应试者相互配合共同达到测试目的，否则，会因考官的个人水平欠缺而产生评价误差。二是面试常常伴有情境压力。相同情境中的不同细节处理，如面试中不同的时间次序等，都可能会影响不同应试者的能力发挥，从而使考官与应试者之间的沟通和交流扭曲，信息失真。

二、面试的要素

一般来说，面试涉及面试题目、考官、应试者、环境等要素，这些要素都对面试的效果有着重要的影响。其中，面试题目和考官两个要素尤其需要我们重点关注。

（一）面试题目

在实践中，面试的题目形式多种多样，主要有背景性问题、意愿性问题、知识性问题、智能性问题、情境性问题、行为性问题等。

1. 背景性问题

背景性问题主要指应试者个人基本情况方面的信息，包括简历、个人经验等，一般用于面试的开始阶段。背景性问题的作用，一是营造良好的沟通气氛，缓和面试应试者的紧张情绪；二是帮助考官对应试者有基本的认识和大致的了解，为双方之间的进一步交流和沟通收集有价值的话题。

例 1：简要介绍你的基本情况。

例 2：简要介绍你近三年以来的工作经历和业绩。

2. 意愿性问题

意愿性问题多用于考察应试者的价值取向、报考动机、与职位要求的匹配性以及生活态度等个性倾向性。对于此类问题，有时是直接询问应试者的动机和个人志趣，有时是通过投射和迫选两项技术来实现。投射是通过询问其他看似无关的问题来对应试者进行侧面考察，而迫选是通过两项具有等值性的问题，迫使应试者从中选择其一。这样做的好处是避免应试者按照社会期望的价值取向来回答，对应试者的评价更真实。

例1：你业余时间是如何计划的？

例2：谈谈你最崇拜的人。

3. 知识性问题

这类问题一般涉及领导职位职责所要求的技术性或具体的知识，主要考察应试者的专业素养、专业知识水平。

例1：你认为党的十八大以来，中国特色社会主义外交理论有哪些新发展？

例2：请谈谈你对今年实行的财政政策和货币政策的理解。

4. 智能性问题

智能性问题主要考察应试者的综合分析能力、逻辑思维能力、语言表达能力等。智能性问题不是单纯的智力问题，而是一些值得思考的各种现实问题或社会问题，体现出一定政策理论水平。智能性问题的评价重点在于考察应试者能否抓住复杂问题的实质和症结，有逻辑、有层次、有针对性地展开论述，思维是否活跃，是否具有创造性等。

例1：目前，在一些部门和地方仍不同程度地存在懒政、怠政、不作为等现象，对党和政府的工作、干部队伍的形象带来较大的影响。请你谈谈当前形势下如何充分调动各级干部干事创业的积极性、主动性、创造性？

例2：当前，在一些行业领域不同程度地存在"违法成本低、执法成本高"的现象。你怎么看？结合实际，谈谈你的意见和建议。

5. 情境性问题

情境性问题通过描述一个针对相关能力的、与工作有关的假定情境，要求应试者回答在这个给定的情境中他们会怎么做，也被称为假设性问题。情境性问题提供给应试者一个表现自己的舞台，通过应试者的回答对其能力做出判断。此类问题可以设计编制不同的情境，根据需要测试应试者的各种领导能力，如组织协调能力、决策能力、计划能力等。

例1：因工作需要，你作为联络人，参加一个调研组到基层调研。调研过程中，调研组和地方的同志配合默契，工作进展得很顺利。但在一次涉及调研点的安排上，地方的同志提出了不同意见，态度比较坚决。一时，双方都很尴尬。此时，你怎样协调？

例2：一天上午，部领导有两场外事活动，第一场涉及友好往来，第二场涉及某专项业务。第一场活动开始前5分钟，你突然发现，两场外事活动的顺序颠倒了。此时，部领导和外宾已经进场，你怎么办？

6. 行为性问题

行为性问题，通过让应试者确认在过去某种情境、任务或背景中他们实际做了什么，从而取得应试者在过去行为中与一种或数种能力要素相关的信息。目的是通过关注应试者的过去行为，来预测应试者的未来表现。行为事件问题的主要框架是：应试者过去都做过哪些事情，事情的背景环境是怎样的，任务是什么，怎样解决的，结果如何，应试者从中担负什么角色，起什么作用，有哪些经验和教训等，这些都需要应试者清楚客观地描述出来。其中，情境是描述被试者经历过的特定工作情境或任务。任务是描述被试者在那种情境中所要完成的任务。行动是描述被试者为达到特定的目标所做出的行动。结果是描述行动的结果，包括积极的和消极的结果。

例1：虽然每个人都积极努力地做好各项工作，但工作中都会或多或少地出现失误。请谈谈你过去的工作经历中出现过的失误？当时的情境、任务、行为和结果怎样？

例2：请举一个以往领导工作中，你亲自组织和参与的一项工作任务，在此过程中遇到了哪些阻力和困难？你是怎样解决的？你从中得到什么启示？

（二）考官

考官是面试中最具活力的因素，考官的个人素质和面试技能的高低，直接决定着面试的质量。许多研究表明，考官的经验、结构组成以及培训程度会对面试技能的发挥有影响，面试考官的知识、年龄、经历、知识水平、识人用人能力也都对面试效果有直接的影响。一名合格的面试考官应具备以下几个基本条件。

1. 具有良好的个人品德和修养

考官只有具有良好的道德和修养，才可能在面试中避免因道德等非能力因素以及不公正的标准去评判应试者，保证面试结果的真实可信。另外，考官良好的道德风范可以给应试者以正直、公正和可信的感觉，有助于创造良好和谐的面试气氛，使应试者更有可能表露自己真实的观点和看法。

2. 具有执法者的使命感和责任感

这是面试特点对考官的职业道德要求。特别是在领导干部选拔考试中，用好的作风选人，选作风好的人，是面试考官最重要的价值理念和行为准则。考官必须时刻抱着对党和国家事业高度负责的责任感、使命感和敬业精神，才能在面试过程中始终如一地维护考试的科学性和严肃性，公正评价每一名应试者。

3. 具有相关的专业知识

面试主要是为领导职位选拔胜任的合适人才。因此，考官应当对招考职位的工作职责、内容、要求、条件和环境有基本的了解和把握，有一定的业务知识和水平，才能更准确地评价应试者的胜任程度。至少在一个面试小组中，主考官应当是本行业或系统的专家。

4. 具有较为专业的领导人才选拔测评技能

考官应掌握相关的领导人才测评技术，熟练运用各种面试技巧并能有效地控制面试局面。面试中考官不仅要能激发应试者水平的发挥，还要能准确、全面、快速地评价应试者的真实素质。面试中经常会发生一些意外的突发事件，干扰面试的正常进行，此时考官必须依靠自身的驾驭能力，保证面试顺利实施。

5. 具有丰富的社会、工作和管理经验

考官所具有的丰富的社会阅历和工作、管理经验，可以帮助考官借助直觉判断人际交往中的种种现象，有利于准确把握应试者的特征。同时，丰富的社会工作经验也是提高和掌握面试技巧的有利条件之一。

总的来说，面试技术的特点对面试考官提出了较高的要求。这里所讲的条件是较为理想的状态，一般情况下，很少有人能够同时反映出上述全部特征，这就要考虑面试考官的组合问题。经组合而成的面试小组应基本满足这些条件，否则将无法保证面试质量。

三、结构化面试

（一）结构化面试的特点

结构化面试是相对于非结构化面试而言的，显著表现为结构化、规范化和标准化，其操作严格按照事先确定好的一定的标准进行。面试之前先要对目标领导职位进行工作分析，在此基础上，严格确定结构化面试的测评要素、面试试题、运作程序、测评标准、时间控制和结果计分。面试考官使用相同的试题依同样的程序向应试者提问，严格遵照同等的标准和评分模式对应试者的面试表现给予评价与计分。结构化面试本身具有较高的信度和效度，其主要特点表现在以下几个方面：

第一，结构化和系统性。整个面试从设计准备、试题编制，到实施结束，都是一个前后联系、相互衔接的有机的过程，具体表现为测评要素结构化、组织实施规范化、考官构成结构化等。

第二，目的性和针对性。依据具体的领导职位说明书，针对职位的实际需要设计不同的面试内容，充分体现不同职位种类、层次的差异性要求，实现个体—职位—组织匹配。

第三，可操作性和规模化。结构化面试按照预先设计好的程序和标准运行，因而具有较强的可操作性。考官组成员和面试组织人员，只要经过有针对性的操作培训，短期内就可以掌握结构化面试的主要规律和基本要求，容易操作实现面试目的。同时，具有一定标准的结构化面试，可以在相同的条件下复制，使对多个应试者的衡量具有可比性。只要满足基本条件，就可以像笔试一样，分成许多考官小组和面试考场，进行规模化与大批量考试，降低成本，提高效率。

不可否认，结构化面试也有其局限性。过度的结构化容易导致考官参与度和积极性的下降，减弱考官与应试者之间的互动，同时还限制了经验丰富的考官对应试者的深入追问，不利于对应试者进行深入的了解与评价。

（二）结构化面试题目的命制

面试题目是结构化面试的核心，题目命制是结构化面试设计的核心环节。首先，根据领导职位分析，确定面试测评目标与测评要素，制订题目命制方案。其次，根据题目命制方案收集题目素材，选取合适题目形式编写面试题目。最后，根据领导职位要求和应试者各种可能反应的模拟，制定相应的评分参考和评价标准。具体而言，在结构化面试命题时要注意以下几个问题。

第一，面试题目要明确、具体。为了把最合适的人选拔到最合适的岗位上，结构化面试试题的设计与编制必须经过充分的职位分析。特别是我国幅员辽阔，相同层次、相同行业的领导岗位因地域的不同、领导干部面对的工作重点和难点不同，对领导素质的要求不尽相同，体现在试题情境的设计上也就不同。试题内容必须从多方面考虑与职位的适应性。此外，对于党政领导干部和国有企业经营管理人员的选拔性面试，试题内容也要考虑对不同来源应试者的公平性。

第二，面试题目要侧重对应试者的能力水平的评定与预测。结构化面试主要测试的是领导胜任特征及其水平，试题情境或内容必须能够充分引发或刺激应试者相应的行为表现，以便考官通过对应试者行为的观察，对其是否具有胜任工作的能力进行预测。所以，要求面试试题主要是需要解决的实际问题，而不是知识水平测试。

第三，面试试题要具有思想性和典型性，切合领导干部工作实际和领导人才群体特点。试题内容要有一定的思想性，能体现时代精神，反映社会主流，格调高雅。同时，试题内容应当尽量选取领导干部在生活和工作中可能经常遇到的实际问题，通过提炼加工，将源于生活的问题命制成高于生活的面试试题，即试题应当具有典型性。

第四，试题要具有开放性和灵活性。开放性试题可以充分调动应试者的积极性，挖掘应试者的经历经验，有利于对应试者的深入追问。当然，开放性试题的开发也要遵循"结构化"原则，按照测评目标与测评要素结构，将开放的问题稍加变化和限制，比如："请告诉我你最近在工作中遇到的挑战。"当然，需要澄清特定观点的时候，封闭性问题也很有用，比如："你何时到这个单位来工作的？"

第五，试题语言要简明和口语化。面试是面对面的口头交流，环境和气氛也相对严肃庄重，这种情况下应试者容易紧张。因此，试题应当问题明确，没有歧义，文字不宜过多、简洁明了，语言口语化，适合口头交流。

（三）结构化面试的评分

进行结构化面试评分，要综合考虑三个问题：一是测评指标，即应试者对某要素问题应具有的典型行为反应；二是水平刻度，即行为所体现能力水平的数量或质量等级；三是测评规则，即测评指标和水平刻度的对应关系。这三个问题通过结构化面试评分表来集中体现。根据领导职位分析和面试设计，确定测评要素并给出操作定义。这些操作定义就是测评指标，也是面试评分表中测评要素及其观察要点。在此基础上，将各个测评要素的水平刻度分为不同的分值，也可以是优良中差不同等级。在进行结构化面试时，考官根据应试者行为的表现，按照一定评分规则，在面试评分表上对应试者不同测评要素的不同水平给出数量化的评定，完成面试的评分工作。在实际操作中，面试前应当进行面试考官的培训与沟通，以便让每一位考官对目标职位要求、面试题目、面试规则和评分标准等做到心中有数，这样才能保证面试题目和面试考官作用的充分发挥。

（四）结构化面试的实施

结构化面试的组织实施包括前期准备和具体实施两个环节。

在前期准备环节，重点是布置好面试考场及相关资料、设备，做好面试工作人员培训等。对于面试考场，要求安静、明亮、整洁、舒适，保证面试过程不受任何干扰。在座位安排上既应让应试者感到舒适，又不能让应试者过于放松。从总体布局上看，可以在面试地点分别设置候考室和面试室。对于面试工作人员，主要包括相关面试引领、计分人员及监督人员。尤其对面试引领及计分员，要进行专门培训，按照结构化面试的要求，公正、保密操作。对于面试相关资料、设备，主要是目标领导职位及其职位说明书、应试者简历资料、面试题本及面试评分表格材料等。可以根据需要，准备好记录仪器、录音机、录像机等。

一般的结构化面试，是在主考官的主持下按照应试者的抽签顺序依次进行。主要包括以下几个主要的步骤：

1. 所有应试者报到后，集中管理。同时，组织者讲解本次面试的整体计划安排、注意事项和考场纪律，并代为保管应试者的通信工具，面试结束后返还。

2. 以抽签的方式确定应试者面试顺序，并依次登记考号、姓名。

3. 面试考官应提前 30 分钟或 15 分钟入场，分情况，确定时间事先研究熟悉试题。面试开始，由监考人员依次带领应试者进入考场，并通知下一位应试者做准备。

4. 每次面试 1 人，原则上由主考官依据面试题本向应试者提问，其他考官不提问，可就应试者答题情况进行追问，并在评分表上按不同的要素打分。

5. 对每个应试者提出的问题一般以 6—7 个为宜，每个应试者的面试时间为 30 分钟左右。

6. 面试结束，主考官宣布应试者退席。由考务人员收集每位考官手中的面试评分表交给计分员，计分员在监督员的监督下统计面试得分，并填入应试者结构化面试成绩汇总表。评分采取"体操打分法",先去除最高和最低分,然后总和。

7.计分员、监督员、主考官依次在面试成绩汇总表上签字,结构化面试结束。

四、面试技术的应用趋势

近年来,随着领导干部选拔面试的实践探索,面试技术的开发应用出现了一些新的趋势。

第一,面试形式越来越多样化。在人才选拔实践中,面试逐渐突破了两人面对面、一问一答的模式,呈现出多种多样的形式。从单独面试到集体面试,从一次性面试到分阶段面试,从非结构化面试到结构化面试,尤其是在很多常规面试中引入了职位陈述、演讲、案例分析、无领导小组讨论等情境性面试。

第二,面试测评内容不断拓展。传统的面试注重对应试者的仪表举止、口头表达、专业知识等方面的检测,进而侧重对政策水平、综合分析能力、战略思维、心理素质、动机水平的检测。

第三,通过"结构化"克服面试局限性。在实践中,存在的面试试题开发的随意性和面试实施的随意性,大大影响了面试的信度和效度。随着"结构化"理念在领导人才测评技术开发中的广泛应用,无论是半结构化面试、结构化面试、行为面试还是情境面试,都按照"结构化""流程化"的开发技术规范和实施操作规程来进行,从面试测评标准、题目形式、实施程序、评分标准、考官资质及培训等方面规范操作、优化流程,大大提高了面试的科学性和有效性。

第四,面试考官专业能力不断提升。近年来,很多单位开展了包括面试方法在内的领导人才测评技术专题业务培训。面试考官的专业能力素质有了很大提高。很多人力资源管理专业人员、人才选拔测评专业人员和富有丰富识人用人经验的领导干部担任面试考官,大大保证了面试质量,提高了面试效果。

第五，应试者对面试的了解和重视程度不断增加。由于面试大量地应用于国家公务员录用考试、企事业人员招聘考试以及各类领导人才的选拔，各类应试者都高度重视对面试的研究、学习和训练。一方面引导和促进了学习，但另一方面也不可避免地出现了各种练习效应和作假行为。如何有效甄别面试中应试者的练习效应和作假行为，对面试开发人员和面试考官提出了更高的要求。

附录：公开选拔领导干部面试题示例

一、在工作中难免会遇到这样或那样的一些矛盾。当你所在处室与其他处室工作中发生矛盾时，作为一名副处长，你将如何对待？

【测评要素】组织协调能力

【评分参考】

1. 从全局利益和团结愿望出发，来考虑解决办法。

2. 摸清发生矛盾的原因和症结所在。如果矛盾主要方面在本处室，要敢于承担责任，取得对方谅解；如果主要责任在对方，既要澄清责任，又要有高姿态。

3. 认真吸取教训，增强理解沟通，争取在解决现实矛盾的基础上实现新的团结。

二、加强团结是做好各项工作的基础。如果你成为一名副处长，对搞好本处室团结有什么想法和打算？

【测评要素】组织协调能力

【评分参考】

1. 要搞好一个处室的团结，处室领导是关键。作为一名副处长，要把维护和增强处室团结作为协助处长工作的一项重要内容。

2. 正确处理本处室领导成员之间的关系，积极搞好领导班子的团结，为其他工作人员搞好团结做出表率。

3. 正确运用批评与自我批评的武器，注意防止和及时化解矛盾。

三、在改革开放的形势下，每个干部都面临着抵制腐朽思想侵蚀的严峻考验，如果你成为一名副处长，将怎样经受住这一考验？

【测评要素】综合分析能力

【评分参考】

1. 加强学习，树立正确的世界观、人生观和价值观，增强拒腐防变的能力。

2. 严格遵守有关规章制度，自觉接受组织和群众监督，防微杜渐，保持清正廉洁。

3. 积极与腐败现象做斗争。

四、从事领导工作经常会遇到各种各样的矛盾，你作为一名副处长，如果在某项工作中与处长发生了意见分歧，将如何处理？

【测评要素】组织协调能力

【评分参考】

1. 冷静对待，正确分析。

2. 按组织原则办事，在组织上自觉服从处长决定，非原则问题要互谅互让，求同存异。

3. 如果自己的正确意见未得到采纳，也不因此而消极工作。重大原则问题可向上级反映。

五、"法不责众"是各级领导经常遇到的最头疼的问题。请你从哲学角度谈一谈看法。

【测评要素】综合分析能力

【评分参考】

1. 从哲学意义上讲，"法不责众"的"法"是广义的，既包括宪法、法律、法规，也包括规章、组织纪律等。这里的"法"主要是指后者。

2. 黑格尔说过，现实的东西都具有一定的合理性。"法不责众"现象的产生，是有其社会基础的。在我国，主要是长期以来法制不健全，存在有法不依、执法不严、违法不究等情况，特别是某些法规过于理想化，可操作性不强，造成了"法不责众"的现象。

3. 作为领导者应坚持实事求是、依法办事的原则，针对上述实际问题，在群众中开展法制教育，并辅之以思想道德等方面的教育，真正实现依法行政，消除"法不责众"的现象。

六、人们常说，"身体是革命的本钱"，但一些领导干部和许多模范人物却坚持"小车不倒只管推"。对此你有何看法？

【测评要素】综合分析能力

【评分参考】

1. 对这两句话的辩证关系有一个清楚论述。

2. 领导干部这样要求自己，无可厚非。但对于组织来说，不宜提倡这种"小车不倒只管推"的做法，既要注意调动下属的积极性，又要善于爱护和保护忘我工作的同志。

七、某省有一户重点企业，利税超亿元。但该企业产品是大路货，技术含量低、附加值低、企业规模偏小，影响了企业生存和发展。为此，企业制订了技术改造方案，省里决定将该企业申报的技改项目作为国债贴息重点技改项目，向国家发改委汇报。请你准备一个汇报提纲，说明从哪些方面进行论证，以求国家对项目的认可和支持。

【测评要素】专业能力、组织协调能力

【评分参考】

1. 项目建设的必要性及对经济、社会发展的影响。

2. 市场分析预测和拟建规模（现有生产能力、产品销售、价格、竞争力、国际市场分析）。

3. 拟进行技改的内容并进行技术经济论证（土建工程、技术来源、工艺设备选型、引进技术设备）。

4. 资源、原材料、燃料、动力、运输及公用设施的配套情况（资源储量、原材料种类、数量、供应可能性及来源）。

5. 环境保护情况（环境现状、项目对环境的影响、环保和"三废"治理方案）。

6. 企业组织、劳动定员和人员培训。

7. 项目实施进度安排建议。

8. 投资估算和资金来源分析（主体工程、配套工程、流动资金，筹集资金方式，自有资本金来源，贷款偿付方式、年限）。

9. 社会及经济效益分析（社会效益包括对科技水平提高、增加就业、资源利用、人民生活和社会福利改变等）。

八、请你谈一谈领导者应该怎样对待缺点较多、能力较差的下属。

【测评要素】领导能力

【评分参考】

1. 领导者对待下属应该遵循平等原则、民主原则和宽容原则，有时还应遵循主动承担责任原则。

2. 领导者必须真诚关爱全体下属，尊重他们的人格，保护他们的自尊心，对犯错误的或表现较差的尤其应特别关爱，切忌当众申诉甚至说出侮辱性言语。

3. 领导者不要断然把下属分成好的和坏的两类。陈云说过，在革命队伍里，无一人不可用。关键在于扬其长而避其短，适才适用，以及在工作中注意加以培养。

4. 进行换位思考。几乎任何领导者，过去和现在都在当下属。请为后进的下属设身处地考虑一下：领导者最好怎样对待他们？

九、官僚主义的危害众所周知，请谈谈你对"事必躬亲"的看法。

【测评要素】领导艺术

【评分参考】

1. "事必躬亲"是辛苦无功式的官僚主义，尽管敬业精神可嘉，但效果事倍功半。

2. "事必躬亲"是管理中分权不够，角色把握不准的一种表现。

3. 克服"事必躬亲"的有效办法是科学授权，调动各方积极性。

4.运用管理理论，提高管理，特别是领导艺术是领导干部必须经常学习思考的内容。

十、"危机激励"是领导常用的一种领导激励方式，常言道："人无远虑，必有近忧。"你是如何理解的？

【测评要素】领导能力

【评分参考】

1.面对激烈的竞争环境，明智的领导者应不断强化危机意识，主动激发奋进，做到防患于未然。还须注意唤起下属的危机感。

2.只有居安思危，才能常胜不败。

第七章
无领导小组讨论

无领导小组讨论测试主要通过给应试者一个与工作相关的问题，让其在规定时间内进行讨论，以检测应试者的组织协调能力、洞察能力、非言语沟通能力等，以及自信程度等个性特点和行为风格，以比较和评价应试者之间的能力表现。在中高级领导人才素质测评中，用无领导小组测试比较有效。本章就无领导小组讨论测试的特点、要素、设计与应用等做简要介绍。

第一节 无领导小组讨论概述

作为一种常用的领导人才测评技术，无领导小组讨论（LGD），也常常简称为无领导小组测试，在实施中，将要求一组应试者（通常5—7人）就某一特定问题展开自由讨论，测评人员通过倾听、观察应试者的讨论对每一名应试者都做出评价。作为讨论中的每一名应试者，一般不指定角色，大家临时组成一个讨论组，明确问题、分析问题，并做出决策。所谓"无领导"，是指参加讨论的所有应试者在整个讨论过程中的地位是一样的，没有事先指定谁是组织者、召集人或者负责人。应试者组成的讨论小组，通过讨论创造了较为真实的领导决策环境，从而更能自然地反映应试者实际的思维方式、分析能力、行为模式和领导风格等。

一、无领导小组讨论的种类

根据不同的标准可以把无领导小组讨论测试分为不同的种类。

第一，根据讨论背景的情境性，可以将无领导小组讨论分为无情境性的无领导小组讨论和有情境性的无领导小组讨论。无情境性的无领导小组讨论一般是让应试者就一个开放性的问题展开讨论、阐述自己的现点，并试图说服别人，一般会要求应试者在规定的时间内得出一个一致性的结论。

第二，根据是否给应试者分配角色的角度来划分，可以将无领导小组讨论分为定角色的无领导小组讨论和不定角色的无领导小组讨论。定角色的无领导小组讨论是指在讨论的过程中给每个应试者分配一个固定的角色，他要承担这个角色的责任，完成这个角色所规定的任务。不定角色的无领导小组讨论是指在讨论的过程中并没有给应试者分配一个固定的角色，他仅仅是阐述自己的观点或充当小组中的一个与其他人没有什么差别的成员。

第三，根据小组成员在讨论过程中的相互关系，可以将无领导小组讨论分为竞争性的、合作性的和竞争与合作相结合的。在有些无领导小组讨论的情境中，每个小组成员都是代表他们各自的利益或他们各自所属的群体的利益，小组成员之间的目标是相互冲突的，并且往往存在着对某些机会或资源争夺的问题，这样的无领导小组讨论就是竞争性的。在有些无领导小组讨论的情境中，是要求小组成员之间相互配合来共同完成某一项任务的，每一个小组成员的成绩都依赖于合作完成这项任务的结果，同时也取决于他们在合作完成这项任务的过程中所做出的贡献，这样的无领导小组讨论就是合作性的。

二、无领导小组讨论的特点

（一）无领导小组讨论的优点

第一，无领导小组讨论测试明显优于其他测验方法的一个方面就在于它提供给应试者一个平等的相互作用的机会。在相互作用的过程中，应试者的特点会得到更加淋漓尽致的表现，同时也给评价者提供了在与其他应试者进行对照比较的背景下对某个应试者进行评价的机会，从而给予更加全面、合理的评价。

第二，无领导小组讨论测试的突出优势特点是具有生动的人际互动效应，通过应试者的交叉讨论、频繁互动，能看到许多纸笔测验乃至面试所不能检测的能力或者素质，如应试者在无领导小组讨论测试中会在无意中显示自己的能力、素质、个性特点等，有利于捕捉应试者的人际技能和领导风格，提高应试者在真实团队中行为表现的预测效度。

第三，无领导小组讨论测试的另外一个优势特点是赛马场效应，即无领导小组讨论测试提供了一个"赛马场"，在赛马场中选马（应试者），有利于识别最具有潜能的千里马。

第四，无领导小组讨论测试具有真实诱发效应，即讨论中的快速反应和随机反应，有利于诱发应试者真实的行为模式，大大减少了行为的伪饰性。通过无领导小组讨论测试，能使应试者在相对无意之中暴露自己各个方面的特点，因此对于预测真实团队中的行为有很高的效度。

（二）无领导小组讨论的缺点

尽管无领导小组测试具有上面提到的很多优点，但在具体操作过程中与其他方法比较也有一些不足。第一，无领导小组讨论测试的一个突出缺点就是基于同一个背景材料下的各个不同的小组讨论的气氛和基调可能完全不同。有的小组气氛比较活跃，比较有挑战性；而有的小组气氛则比较平静，节奏比较缓慢，甚至显得死气沉沉。一个应试者的表现会过多地依赖于同一小组中的其他应试者的表现，当一个很健谈的人遇到了一些比他更活跃的人物，反而会显得他比较寡言；一个说服能力不是很强的人在一个其他人更不具有说服能力的群体中，反而会显得他的说服能力很强。这说明不同的无领导小组讨论测试小组之间缺乏横向比较性。第二，这种评价方式对评价者的评分技术要求比较高，而且评价标准相对不易掌握，评价者必须接受专门的培训。第三，对应试者的评价易受评价者各方面的影响（如偏见和误解）。这容易导致评价者对应试者评价的结果不一致。另外，应试者还存在表演或者伪装的可能性，其经验可能也会影响其能力的真正表现。

三、无领导小组讨论的应用发展

无领导小组讨论测试具有评价和诊断的功能，既可以作为领导人才选拔的测评工具，也可以作为领导人才培训的诊断工具。在作为领导人才选拔测评工具时，一般是对通过初步面试并需要继续具体考核的应聘者采用的测评手段之一。通过测评具体了解应聘者的领导技能和品质，从所有应聘者当中择优录取所需人才。作为领导人才培训诊断工具时，一般是在培训前对在职领导人才的领导技能和品质进行无领导小组测试，通过测评具体了解在职领导者的实际领导技能水平和品质表现，结合其岗位特征和职务要求，从中发现其需要进一步接受针对性培训和改善的地方，然后针对其弱项进行培训，提高其工作技能和水平。

自 20 世纪初以来，西方对于管理人员进行测评所使用的方法有了很大的发展。当前，常用的测评手段和指标有：认知能力测验、人格测验、面试、评价中心、传记材料、工作样本测验、培训及工作经验、试用、同事评定、推荐信、学业成绩、学历、兴趣、年龄等。尽管有这么多的测评方法和指标，但其中的评价中心技术被认为是所有这些测评方法中预测效果比较理想的。无领导小组讨论测试作为评价中心中的一种情境模拟测评技术也经常应用于企事业单位的人才选拔。无领导小组讨论测试对于管理者领导组织技能的评价非常有效，尤其是适用于分析问题、解决问题以及决策能力评价等领导人才的素质测评。

自 20 世纪 80 年代以来，无领导小组讨论作为一种主要的人才测评方法，广泛应用于国家公务员招录、企事业单位人员招聘、党政领导干部和国有企业经营管理人员选拔。国家公务员招录考试大纲和党政领导干部公开选拔和竞争上岗考试大纲都把无领导小组讨论测试作为面试的重要形式之一。很多专业测评机构依据评价中心技术开发了相关无领导小组讨论测试题库、建立了专门的无领导小组测试室，大大提高了无领导小组讨论测试的有效性。

第二节　无领导小组讨论测试基本要素

一、无领导小组讨论测试的要素及指标体系的确定

无领导小组测试的测评要素是所要测量与评定的内容，也是应试者的智能水平、人格特征和行为特点等方面在特定岗位（职位）上的具体表现。例如，人事管理工作者应该具有较好的语言理解与表达能力、处理人际关系的能力、知觉速度与准确性、推理能力、决策能力等，这就是能力素质在人事管理这一职位上的具体要求和表现。针对一定的岗位或职位设计出合理的测评要素体系，是决定测评工作取得成功的基石。在实际测试过程中，考官是按照各项测试要素来给考生打分的。无领导小组测试的测试要素既包括通用测试要素也包括特定的岗位能力要素。其中，通用测试要素比重会超过60%。一般而言，无领导小组测试的测试要素包括参与热情、表达能力、人际影响力、创新意识、综合分析能力、仪表举止、组织协调、应变能力、环境适应能力、逻辑分析能力、决策能力、组织协调能力、自信心、真诚、宽容、性格的内外倾向性、情绪稳定性、人际相容性、团队领导能力、人际沟通技巧、洞察力、倾听、说服力、感染力、团队意识、成熟度、说服辩论能力等。由此可以看出，无领导小组测试测评的维度主要考察的是能力和部分个性品质等素质特征。而这些维度都属于实际工作中人们所应具备的一些关键特征要素。在实际操作中，应试者的通用测试要素所占比重会很高。因此，无领导小组测试会和其他测评手段结合在一起使用。

测评的要素和要素体系主要是通过工作分析获得的。我们可以采用经验总结法、问卷调查法、个案研究法、专题访谈法、因素分析法等方法，并结合无领导小组讨论的测评功能，整理归纳出领导人才评价和诊断的关键测评维度——主要集中在与中高级领导岗位相适应的应试者的能力、个性品质方

面的特征。

第一，确定测评的关键要素，如组织协调能力、领导能力、情绪稳定性等。然后归纳提炼出各要素的观察要点，如组织协调能力的观察要点就可以包括控制引导讨论的能力，协调不同意见的能力，容纳不同意见、综合提炼同类观点的能力等。

第二，确定测评的指标体系。与测评相关的各个要素确定之后需要对要素进行维度的权重分配，形成适合某一具体岗位的测试指标体系。可以选用不同的权重确定方法。同时确定好测评的结果标准，即通过无领导小组讨论测试，什么样的应试者才算符合测评要求，或在所有测评结果出来以后，根据组织所需的人数或筛选比例确定具体、细致的标准。如某项或某几项技能在所有应试者中位列前几名，或综合各项指标的得分位列前两名等。

二、无领导小组讨论测试的指标体系

在进行无领导小组测试的要素分析，确定指标体系的同时，还要设计好某次测试的维度。这样才能真正做到人职匹配。我们在实施一次无领导小组测试的时候，都是依据某一具体领导和管理职位的测试指标体系的。下面是一个咨询公司培训部经理岗位应聘者的无领导小组讨论的测试指标体系，见表 7-1。

表 7-1　某咨询公司培训部经理岗位的无领导小组讨论测试的要素指标体系

测评项目	内涵界定	行为观测点	权重系数
仪表举止	文化素养、体貌体态、衣着打扮、身体状况	穿着得体、整齐；精力充沛；走路、坐姿等符合礼节；讲礼貌，口语文雅	10%
沟通能力	有效地表达出自己的想法和意见，意见表达连贯，语言流畅自然	是否能将自己的思想、观点、意见和建议流畅地用语言表达出来；语言是否逻辑严密，条理清晰；语言是否生动简练，有深度	18%

续表

测评项目	内涵界定	行为观测点	权重系数
分析能力	对问题的敏感性强，能把问题分成几个方面，并能抓住事物的本质或主要方面，进行全面、透彻、系统、逻辑的分析，最后得出正确的结论	综合信息资料，透过现象抓住本质，分辨出个人发言中反映问题的轻重缓急，准确掌握关键所在，洞悉事物间的联系，并找出造成问题的原因，适时地做出适当的结论或对策	20%
倾听能力	在人际交流中听取别人想法的能力	能否投入性地抓取别人说话的要点；能否积极关注讨论中每个人的发言	10%
说服论辩能力	说服能力是指人们采用某种方法和技巧，使对方改变已有的行为和思想，从而按照自己的意志去进行某项活动的能力	是否敢于坚持自己的意见，善于与别人交流；注意到了说服技巧的运用；别人是否能心甘情愿地接受他的观点并加以执行等几个方面进行评价	15%
应变能力	在实际情境中，能够审时度势、思维敏捷、考虑问题周详，并能及时处理各种问题，灵活、及时、有效地应对	灵活地找出各种解决问题的途径，对其做出合理的评估，对不同方案的结果有着清醒的判断，以提出更好的决策意见	12%
情绪稳定性	整个讨论过程中表现出来的一贯的言语风格、情绪的稳定性	情绪的稳定性；自制力、连续处理问题的能力	15%

表 7-1 中的测评要素是经过大量的深入访谈和岗位调查，根据培训部的岗位素质要求确定下来的。总共有仪表举止、分析能力、沟通能力、应变能力、说服论辩能力、倾听能力和情绪稳定性 7 项考察指标。

测试维度是指对某个职位的候选人进行评价应从哪几个方面进行，评价标准是指在该职位上合适的人选在每个维度上应具有什么样的特点。我们可以针对某一岗位或职位类别所需的能力要素体系来确定测评维度。在保证测评质量的前提下，尽量减少测评维度数目。我们设计出来的所有维度和测试要素体系应该是一致的，它们都应该是能够进行客观测量和易于解释的。

为了更有利于评价者客观地评分，我们在设计指标体系的时候，需要进一步细化每个评价项目或者能力要素。可以把每个评价项目再细分为二级指

标并确定其观察要点，表 7–1 中沟通能力、分析能力和应变能力可以进一步
细化为两到三个二级指标和相应的行为观测点，见表 7–2。

表 7–2　二级指标及行为观测点举例

评价项目	二级指标	观察要点
沟通能力	影响力	愿意与他人沟通，发言积极主动、坦率开放，支持或肯定别人的意见，能用有说服力的证据说服别人改变他们的态度或观点，接受自己的观点以便共同实施
	倾听力	善于倾听他人的观点及各种不同意见，把握关键信息
	语言表达能力	口齿伶俐，表达生动、流畅，阐述问题层次清晰、简明扼要，有说服力
分析能力	发现问题的能力	能发现所有或多数关键问题
	分析问题的深度	分析问题透彻、准确、全面
	综合概括的深刻性	能充分利用材料提供的有效信息，得出有价值的结论
	论述的条理性	层次清晰、条理分明、逻辑性强
	论证的充分性	论点明确、论据充分有力
应变能力	控制性	情绪稳定、处理问题沉稳，能消除紧张气氛
	灵活性	反应灵敏，思考敏锐，能把握问题的实质

三、无领导小组讨论测试的评分方法

无领导小组测试评分方法的确定是建立在测评的要素指标体系和具体维度基础上的，采用何种评分方法关系到最后测评的综合结果。一般而言，对于无领导小组讨论测试的计分有以下几种方式。第一，每个考官对每个应试者的每一个测评要素打分；第二，不同的考官对不同应试者的每一个测评要素打分；第三，每个考官分别对每个应试者的某几个特定测评要素打分。在具体实施时，考官之间可根据考官水平和考官特长等具体情况，有针对性地选择使用某一种计分方式。

对于计分的内容，一般包括三个方面：第一，言语方面，包括主动性、组织协调能力、口头表达能力、辩论说服能力、论点的正确性等，这些不同的要素应根据职位的不同有不同的权重得分。在具体实施过程中，可根据具

体情况确定测评的要素和各要素的权重，以和具体的岗位、职位相对应。第二，非言语方面（面部表情、身体姿势、语调、语速和手势）。第三，其他个性特点（自信程度、进取心、责任心、情绪稳定性和反应灵活性）。总而言之，按照设计好的评价、计分标准根据应试者的讨论表现打分。

无领导小组测试评分方法主要有十分制或百分制计分法、二级判断计分法和行为判断计分法三种。

（一）十分制或百分制计分法

根据测评维度内涵划分几个评分段，并对这几个评分段进行详细的界定，然后将 10 分或 100 分分配到这几个评分段中。评价者根据应试者的具体表现，结合界定好的评分段对应试者进行计分。分配方法主要采用均分法或正态分布法，见表7–3。

这种评分方法有利于评价者能有效地区分应试者的表现，并在一定的空间中给予综合判断。但该方法的计分幅度范围大，对评价者的判断要求很高。

表7–3 十分制评分方法举例

项目	评 分		
组织协调能力	8—10	4—7	1—3
评分行为参考	顾全大局，积极主动地请他人发言，善于创造一个能使不大开口的人发言的气氛，调动成员的积极性；向他人提出疑问，及时纠正跑题现象，使讨论沿主题继续下去；善于设法消除讨论的紧张气氛；主动引导小组讨论取得一致意见	能以大局为重，适时提出疑问，使讨论走出僵局；能请他人发言，调动他人的积极性；能设法消除紧张气氛；引导小组讨论取得一致意见	缺乏大局观，能提出自己的疑问，对讨论中出现的罅隙、争执和纠纷置身事外，既不卷入，也不出面排解

（二）二级判断计分法

让评价者运用二级思维的方法来妥善解决一级判断计分法所面临的问

题（协调计量结果差异与评分判断难度之间的矛盾）。二级判断计分法的程序是先要求评价者按一级判断计分法打分，然后再在此基础上分析应试者符合该级分数的上、中、下水平中的哪一水平（正好符合为"中"，勉强符合为"下"，稍高于为"上"）。例如采用3×3二级判断计分法，该方法要求评价者先按应试者的表现情况分成三等，在总体上表现出色的给予3分，表现一般的给予2分，表现较差的给予1分。然后再在此基础上分析应试者符合该级分数的上、中、下水平中的哪一水平，最后得到一个分数（3上为9分，3中为8分，3下为7分，2上为6分，2中为5分，2下为4分，1上为3分，1中为2分，1下为1分）。二级判断计分法扩大了计分范围，使评定结果具有一定的辨别力，且二次思维判断均控制在较小幅度内进行分析，评价者判断难度小，自我把握大，因而在一定程度上解决了一级判断计分法的难题。

（三）行为判断计分法

根据应试者在讨论过程中的表现对其行为进行判断与计分。这种方法要求评价者在设计评分标准时，首先通过工作分析确定测评指标，然后从拟任岗位的特点、对人员技能与个性品质等方面的要求中，提炼出各测评维度的关键的、具有代表性的行为特征作为判断计分标准，并给予每个行为特征一定的分数。如对倾听能力设计的计分标准：注视发言者，点头，摇头（1分）；打断别人谈话（-1分）；别人插入时接受（1分）；拒绝（-1分）。然后给予各个维度权重系数分配。依据这些测评维度的关键行为特征，可以形成含义明晰、衡量公正、易于使用的计分表。评价者可以根据这一评分表对应试者进行评价。这种方法以关键行为对评分标准做出定位，各类别的定义比较明确，应用时评价者的积极性和准确性较高，评价误差较少，具有很高的表面效度。但该方法的局限在于很难完全把握住某种测评维度的所有关键行为。

在实际的操作中，可根据评价本身的特点、评价者水平和评价者特长等具体情况，有针对性地灵活选择和使用以下某一种评分方式：①每个评价者对每一个应试者的每个方面进行评价；②不同的评价者对不同应试者的每个方面进行评价；③每个评价者分别对每个应试者的几个特定方面进行评价。

第三节　无领导小组讨论的试题开发

一、讨论题目的形式和设计原则

（一）题目形式

讨论题目是在无领导小组讨论测试中，群体内部人与人之间发生相互作用，引导个体表现特定行为的诱导因素。一般来说，讨论题目应该符合三个条件：第一，题目必须是所有应试者熟悉并感兴趣的，因为这样保证了人人有感可发；第二，题目涉及内容广泛而深刻，因为这样可以引起争论与探索；第三，题目的内容不会诱发应试者的防御心理，因为这样能让应试者尽情展现自己的风采，表现真实的自我。

无领导小组讨论测试的讨论题目一般都是智能性的问题，从形式上可分为开放式问题、两难性问题、多选式问题、可操作性问题、资源分配性问题五种，各种问题之间存在着一定的差异。

1.开放式问题。这类问题答案范围可以很广，主要考察应试者思考问题时的全面性、针对性、思路清晰性和是否有新的观点和见解。例如：你认为什么样的领导是好领导？关于此问题，应试者可以从很多方面，如领导的人格魅力、领导的才能、领导的亲和取向、领导的管理取向等方面来回答，可以列出很多的优良品质。开放式问题对于评价者来说，容易出题，但是不容易对应试者进行评价，因为此类问题不太容易引起应试者之间的争辩，所考察应试者的能力范围较为有限。

2.两难性问题。是让应试者在两种互有利弊的答案中选择其中的一种。

主要考察应试者分析能力、语言表达能力以及说服力等。例如："你认为以工作取向的领导是好领导，还是以人为取向的领导是好领导？"一方面此类问题对于应试者而言，不但通俗易懂，而且能够引起充分的辩论；另一方面对于评价者而言，不但在编制题目方面比较方便，而且在评价应试者方面也比较有效。但是，此种类型的题目需要注意的是两种备选答案一定要有同等程度的利弊，不能是其中一个答案比另一个答案有很明显的选择性优势。

3. 多选式问题。是让应试者在多种备选答案中选择其中有效的几种或对备选答案的重要性进行排序。主要考察应试者分析问题实质，抓住问题本质方面的能力。这种类型的问题较难出题目，但对于评价应试者的能力和人格特点则比较有利。

4. 可操作性问题。是给应试者一些材料、工具或者道具，让他们利用所给的这些材料，设计出一个或一些由评价者指定的物体来，主要考察应试者的主动性、合作能力以及在以实际操作任务中所充当的角色。如给应试者一些材料，要求他们相互配合，构建一座铁塔或者一栋楼房的模型。此类问题，在考察应试者的操作行为方面要比其他方面多一些，但考察言语方面的能力则较少。同时评价者必须很好地准备所能用到的一切材料，对评价者的要求和题目的要求都比较高。

5. 资源分配性问题。此类问题适用于指定角色的无领导小组讨论测试，是让处于同等地位的应试者就有限的资源进行分配，从而考察应试者的语言表达能力、分析问题能力、概括或总结能力，发言的积极性和反应的灵敏性等。如让应试者担当各个分管部门的经理，并就有限数量的资金进行分配。因为要想获得更多的资源，自己必须要有理有据，必须能说服他人，所以此类问题可以引起应试者的充分辩论，也有利于评价者对应试者的评价，但是对讨论题的要求较高，即讨论题本身必须具有角色地位的平等性和材料准备的充分性。

（二）开发原则

1. 逼真性原则。无领导小组讨论测试的特点之一就是它的情境模拟性，而体现无领导小组讨论测试情境模拟性的一个方面就是其设计的讨论题目是一个独立的、高度逼真的、与实际工作相关的问题，即要求讨论题目的现实性和典型性都好。因为这些典型的事件或问题最能够反映拟任岗位的工作特点。设计的讨论题目越有典型性，就越能从无领导小组讨论测试中反映出应试者是否具备完成实际工作的能力和品质。所以设计讨论题目必须结合实际工作，从中去找寻现实性和典型性都好的讨论题材，设计出与实际工作情境相似的讨论题目。

2. 针对性原则。讨论题目的设计必须建立在测评维度和测评标准上，这样设计出来的讨论题目才更有针对性。讨论题目的设计必须针对拟任岗位的特点，即要求讨论题目必须与拟任岗位的特点相结合，所设计的讨论题目应能针对性地反映拟任岗位的工作特点，讨论题目是现实工作中已发生的或与现实相似的事件或问题，能够体现具体的现实工作情境特点和所需具备的各种技能、品质等要素。

3. 具体性原则。一方面，讨论题目设计的内容应该广泛而深刻，立意一定要高，设计讨论题目要从大处着眼，含义要深刻；另一方面，讨论题的内容一定要具体，即设计题目要从小处入手，具体、实在、不空谈，一定要避免那些玄妙、抽象、言之无物的争辩，避免给评价带来不便。

4. 辩论性原则。无领导小组讨论测试重在"讨论"。通过讨论来观察和评价应试者的各项能力素质。这种讨论的目的不在于阐明、捍卫某种观点、思想的孰是孰非，而在于过程。所以设计的讨论题目必须体现出它的辩论性，即讨论的题目能够引起应试者激烈的讨论行为，让他们在讨论过程中把真实的自我表现出来。

5. 平等性原则。平等性指角色平等。对于那些适用于角色分工的讨论题，讨论题本身对角色的分工在地位上一定要平等，而不能造成应试者之间有等级或者优劣的感觉。只有应试者的地位平等，他们才能有发挥自己才能和潜能的平等机会，应试者之间才有可比性。

二、讨论题目的开发步骤

设计无领导小组讨论测试的讨论题目一般经过以下几个步骤：

1. 工作调查。进行有关的工作分析，了解拟任岗位所需人员应该具备的特点、技能。根据岗位的这些特点和技能来进行有关试题的收集和设计。

2. 材料收集。收集拟任岗位的相关材料，所收集的相关材料应该能充分地代表拟任岗位的特点，并且能够让应试者处理时有一定的难度。

3. 材料筛选。对收集到的所有原始材料进行甄别、筛选，选出难度适中、内容合适、典型性和现实性均较好的材料。

4. 编写题目。对所筛选出的材料进行加工和整理，使其符合无领导小组讨论测试的要求。主要包括剔除那些不宜公开讨论的部分或者过于琐碎的细节，相应地要根据所要考察的目的补充所需要的内容，尤其是要设定一些与岗位工作相关而又符合讨论特点的情况或者问题，使其真正成为具备科学性、实用性、针对性等特点的、凝练典型的讨论题目。

5. 试测修正。讨论题目设计完成以后，首先要对其进行试测，通过分析其难度、区分度、信度和效度，以检查题目的可靠性和有效性。检验完后，对于那些效果好的讨论题可以直接使用，而对于那些不好的讨论题则要进行修正，直至其达到预期的效果。

6. 形成正式讨论题目，并编制成规范的施测题本和操作手册。

以上几个步骤是无领导小组讨论测试准备过程中的重要一环。编制讨论题也是紧密结合指标体系，力求把测试要素的要求隐含进去。

三、讨论题目编制的要求

第一，讨论题材的收集和整理一定要和拟任的岗位紧密结合。编制完成后，讨论题和评分表应该印刷成册。确保具体实施阶段应试者与评价者人手一份。

第二，讨论题材的内容具体应该包括以下三个方面：（1）指导语。指导语是指导、规范应试者进行讨论的总体指南，让应试者从总体上了解活动的注意事项和方向以明确自己的地位，同时能够避免不同讨论小组应试者之间的不匹配，失去可比性；统一的指导语也是公平测试的一个基础。在无领导小组讨论测试中，指导语常常包括了讨论的背景信息、讨论者角色地位、讨论的步骤和要求以及讨论的时间限制。关于指导语方面的规范，可以参考有关的心理测验的专著。（2）讨论主题。讨论主题是指设计的具体讨论题目，包括具体的情境介绍和问题。设计讨论题目首先应选择出合适的讨论材料，如禽流感和振兴东北问题，接着再将问题设计成可以实际讨论的试题。可以对问题的情境、相关背景和讨论的深度和广度进行规定，对讨论中可能表现出的能力要素进行预测和匹配，还可以根据测试的具体目的对那些不宜公开讨论的细节和琐碎项目进行增删和改变。讨论题目设计好后还要经过测试和修改，如果信度与效度指标都达标，就可以成为正式讨论题目了。（3）讨论步骤。讨论步骤规定了解决问题的程序、时间限制和要求，虽然讨论步骤在指导语中会有明确的规定，但是在设计讨论题目的时候就应该根据不同类型的讨论题材在步骤和程序上做出相应的安排。

以下是某国有企业管理人员选拔的一个无领导小组测试的讨论题目，以供参考。

阅读下列材料，按照要求完成讨论任务。

【材料1】

综合有关报道，一些世界知名企业 CEO 的作息时间如下：

1. 美国在线公司首席执行官 Tim Armstrong

这位前谷歌执行官并不是一位"爱好睡觉"的人，他每天都在清晨5：00或5：15醒来。之后要么工作，要么阅读，或者看看自家公司的产品，回复电子邮件。为了保证更多的思考时间，Tim Armstrong 通常不会自己开车，而是请专职司机。

2. 苹果公司首席执行官 Tim Cook

这位科技巨擘在业界正是以早起出名的，苹果公司的员工会在清晨或者接近黎明时分的 4：30 收到 Tim Cook 的电子邮件，且每日如此，他们已经习以为常。当然，Tim Cook 会在 5：00 准时出现在健身房。

3. 通用电气首席执行官 Jeff Immelt

每天 5：30，Jeff Immelt 都会起床做有氧运动。其间，他还会读报纸，看 CNBC。他曾经提起，自己已经连续 24 年每周工作 100 个小时了。

4. 通用汽车公司首席执行官 Mary Barra

早起大概成了通用公司的传统，Mary Barra 就像其前任 Daniel Akerson 一样，日日早起。她每天准时准点在清晨 6：00 出现在办公室。

5. 富士施乐首席执行官 Ursula Burns

回复电邮是 Ursula Burns 每日清晨的习惯，为此，她会在 5：15 起床。不过，尽管经常会工作到深夜，但 Ursula Burns 会保证自己每周两次的个人健康训练，时间定在 6：00，每次一个小时。

6. 克莱斯勒首席执行官 Sergio Marchionne

这位具有加拿大和意大利双重国籍的商人起床的时候，恐怕大部分人都还在梦乡中——3：30。公司有位高管曾表示："Sergio 创造出了（一周里的）第八天，我们来实现它。"还有一位高管曾在 60 Minutes 节目中这样说："当意大利放假的时候，他回美国工作；当美国放假的时候，他再回意大利工作。"

7. 太平洋投资管理公司创始人 Bill Gross

Bill Gross 的早起如同他那槽糕的君王脾气，以及职业 21 点玩家的身份一样出名。他会在 4：30 就起床，查看全球市场行情和消息，并在 6：00 准时坐在办公桌前。

8. 推特公司创始人 Jack Dorsey

Jack Dorsey 曾对媒体透露，他一般会在 5：30 起床，然后就开始做早课——冥想，以及一个小时的慢跑。这样的生活方式他保持了很久，尤其是同时在 Twitter 和 Square 之间来回奔波工作的时候。

9. 维珍集团创始人及董事局主席 Richard Branson

Richard Branson 自曝起床时间是 5：45，甚至在他的私人岛屿上度假时也是如此。他会拉开窗帘睡觉，这样第二天的阳光就会叫醒自己。

10. 百事集团首席执行官 Indra Nooyi

这位印度裔女执行官最早的起床时间是清晨 4：00。她曾称："人们说，睡眠是上帝赐予的礼物……这份礼物我从未得到过。"她透露自己每天到公司的时间不会晚于 7：00。

11. 迪斯尼集团首席执行官 Bob Iger

Bob Iger 曾对纽约时报表示，他一般在 4：30 起床，利用上班前这段安静的时光读报纸、看电视。这段时间无人打扰，他能同时处理多项事情。

12. 星巴克 CEO Howard Schultz

Howard Schultz 以晨练开始新的一天，一般是与妻子一同骑车。即便如此，他也会保证自己在 6：00 之前赶到办公室。

【材料2】

有学者总结归纳的企业家时间管理法则 22 条如下：

1. 每分每秒只做最有生产力、最重要、最有效果的事

2. 明确目标，列出工作清单，量化到每一天、每一小时

3. 工作时专注认真，乐在其中

4. 凡事立即行动，绝不拖拉

5. 争分夺秒，最短的时间内采取最大量的行动

6. 让自己在放松愉悦的最佳状态下工作、学习

7. 劳逸结合，交叉学习提高效率，每天抽一点时间运动

8. 永远不要把练习当练习，把练习当实战

9. 策略、规划第一，绝不盲目行动

10. 明确时间的价值高于金钱

11. 今日事今日毕，珍惜今天的每一秒

12. 第一次做好，追求零缺点，凡事追求品质

13. 工作学习时，一定要要求时限

14. 善于授权，只做只有自己才能做的事

15. 养成整洁条理的习惯，做事有系统、条理

16. 凡事追求效率、简单化，快捷化

17. 结果导向，从结果倒推出每一阶段，对每阶段进行掌控

18. 不要让别人浪费你的时间，绝不闲聊

19. 利用好零碎的时间（随时看书，自我暗示、放松）

20. 记录每一天做每一件事花的时间，不断优化

21. 不断提升睡眠的品质，放松是关键

22. 每天留出不受任何干扰的 1 个半小时来学习或工作

【讨论任务与要求】

围绕下面的任务进行讨论，充分表达观点，陈述理由，尽最大努力争取说服其他讨论者接受自己的观点；如果实在无法说服别人，准备接受某一讨论者的观点时，也要说明理由。通过深入讨论，达成小组的一致意见。

1. 结合自身管理经历和体会，从材料中所给的 22 条时间管理法则中，选出你认为最重要的 5 条法则，按照法则有效性程度进行排序，并说明理由。

2. 效率不高是企业管理者经常面临的问题，请指出其主要表现，提出 5 条有针对性的改进措施，并说明理由。

第四节 无领导小组讨论测试的实施

一、时间与场所

无领导小组测试的时间为 60—100 分钟不等，可以根据不同的情况确定。一般安排在宽敞、明亮、有行为观察室（通过单向玻璃进行观察）或有录像的比较封闭的实验室里进行，从而确保应试者所受的干扰最小化。为了使所

有的应试者处于同等地位，无领导小组讨论测试一般用圆桌，而不用方桌，方桌容易使相对而坐的人有对立感，而且不容易录像。另外，要安排好座位号码。

在场所的安排上常有两种形式：一种是应试者围坐一圈进行小组讨论，评价者坐在较远的一旁观察，既不参与也不干预；另一种是在特定的测评室中进行，房间一面墙上装有单向玻璃，从应试者的方向望去是一面镜子，但从评价者方向望去，它是一面透光的玻璃。有时还在室内暗处安装监视系统。评价者在隔壁房间中，透过玻璃或透过闭路监视系统在电视屏幕上观察应试者的表现。有时为了增加情境压力，考察应试者的思维敏捷性、应变和适应能力、心理承受能力，评价者还每隔一段时间向讨论小组发布一些有关的各种变化的信息，甚至宣布刚刚做出的决策或决定已不适用，要求改变。迫使小组不断重新讨论改变方案，尽快做出新的决策。由于事态紧急，情况多变，压力增大，每个应试者的表现是不一样的。这样，评价者依据一定的标准，分别对他们的组织能力、决策能力、控制能力、分析判断能力、个人的影响力、口头表达和说服能力、人际交往能力、反应和应变能力等素质进行评价。

在分组时，将应试者按 5—7 人一组的形式进行分组，同时应根据以前是否曾经接受过无领导小组讨论测试训练或者参加过无领导小组讨论测试，把有此类经验的应试者放在一组，把没有此类经验的应试者放在另一组。

二、操作程序

无领导小组讨论测试的操作程序在应用中主要包括五个阶段：测评抉择阶段、材料准备阶段、实施准备阶段、具体实施阶段和结果总结阶段。

（一）测评抉择阶段

在领导人才选拔测评之前，需要具体分析将要考察的要素，分析各种测评方法的特点、功能及其可靠性和有效性，然后结合已有的条件选择合适的测评方法。如果选择无领导小组讨论测试作为人才测评方法来进行人员选拔或诊断，则一定要明确无领导小组讨论测试的使用条件，以避免测评抉择的盲目性和不适宜性，造成大材小用和人力、物力、财力、时间的浪费。

（二）材料准备阶段

确定采用无领导小组讨论测试作为人员评价工具之后，就必须进行无领导小组讨论测试的材料准备，保证测试实施过程中的技术支持和物质保障。这是整个测试过程必须认真对待的环节之一。主要包括工作分析、确定测评项目、确定评分方法、准备讨论题目题材和评分表。

（三）实施准备阶段

包括时间、场地和评价者的选择与培训，前面已经介绍了时间和场地，这里介绍评价者的选择与培训。

在无领导小组讨论测试中，评价者的水平是决定这种测评最终效果的又一个关键环节，而评价者的选择与培训则是保证测评效果的重要手段。首先选择评价者，选择评价者时需要注意人员搭配的合理性。选择范围主要集中在人事测评专家、人力资源部门主管、选拔岗位的直接上级等。人事测评专家了解测评方法和技术特点，人力资源部主管具有丰富的人事经验，直接主管了解工作特点。一般来说，评价者团队至少应该有 3 个或 3 个以上的评价者，人事测评专家、人力资源部、直接主管至少各一名。然后培训评价者，培训评价者主要从无领导小组讨论测试的基本概念、特点、测评功能、适用对象、讨论题目的设计与形式、测评的实施安排、评价标准、行为观察技术、评分方法等方面出发，使评价者的评判统一起来，并尽可能消除评价者个人主观因素对测评造成的影响。

（四）具体实施阶段

第一步，划分小组。本着尽量使应试者保持陌生状态的原则，根据应试者的现职岗位与工作经历，或者通过随机抽签的方法，把应试者划分为两个小组，并注意男女比例协调。

第二步，分发材料。向就座的应试者提供必要的材料，主要包括讨论题材、白纸和笔。向评价者分发评分表。

第三步，讨论前指导。向应试者宣读无领导小组讨论测试的测评指导语，介绍讨论主题背景资料、讨论步骤和要求。同时注意评价者在这之后不得参加任何提问、讨论或者回答应试者与测评有关的任何问题，避免提醒应试者整个讨论过程用录像机监测、录像等信息，以免给应试者造成暗示。

第四步，小组正式讨论。应试者在明白了讨论主题背景、讨论步骤和讨论要求后，进入讨论阶段。正式的测试时间一般是 30 — 60 分钟。小组正式讨论过程一般分为以下几个阶段：①评价者宣读指导语，介绍讨论题目，应试者了解题目，独立思考，列出发言提纲，一般规定为 5 分钟左右。②应试者轮流发言阐述自己的观点。③应试者之间进行交叉辩论，继续阐明自己的观点，或对他人的观点提出不同的意见，完善个人的观点。④得出小组的一致意见，陈述结果。⑤签名、留下所有资料退场。

第五步，评价者评分。在整个测评过程中，可以采用录像机进行监测、录像，事后组织评价者按照事先设计好的测评指标根据录像资料进行评分，也可以让评价者在行为观察室里对应试者进行现场评分，或者二者同时进行，最后在总结阶段参考录像资料再进行讨论评定。为保证评价结果的公平性，评价者应对照评分表观察要点仔细观察应试者的相应表现，评分一定要公正、客观，以应试者的具体表现为依据。评价者要克服首因效应，并且不能在民族、种族、性别、年龄、资历、外貌等方面带有偏见。

（五）结果总结阶段

小组讨论结束后，所有评价者结合应试者在活动过程中的具体表现进行沟通，沟通的内容包括应试者的总体表现，讨论的总体情况，出现的相关问题以及此问题的优缺点，并给出一份评定报告。评定报告主要说明每个应试者的具体表现、评价者的建议，然后结合具体的测评维度得分以及事先确定的测评维度权重系数，计算得出应试者的综合得分，最后根据评定报告和综合得分形成最终的综合评定结果及报告。

三、结果处理

对无领导小组讨论测试的效果进行分析，首先要对它的信度，即测评方法的可靠性或一致性进行分析。检验信度可以根据不同情况采取不同方法。对于无领导小组讨论测试，主要采用评分者之间评分判断的一致性（评分者信度）来进行分析。评分者之间评分越趋于一致，说明测评方法越趋于客观，避免无根据的主观臆断、凭个人喜好来评判的缺点。

从无领导小组讨论测试实际的测评过程来看，它在以下两个方面提出了比较高的要求：首先这一测评形式对测试题目要求较高（用于讨论的主题及呈现给应试者的背景材料），题目的质量高低会直接影响对应试者评价的全面性与准确性；其次它对评价者（评委）的要求也较高，要求评价者能很好地理解和掌握评价标准，又因评价者往往会有 3—5 人，因而还要求他们能尽量保持评价标准的内部一致性。

四、无领导小组讨论的评价

由于无领导小组讨论测试主要通过模拟团队情境来考察应试者的能力，而且无领导小组讨论测试技术要求高、设计成本高，实施起来费时又费力，所以一般将无领导小组讨论测试用于组织中高层人员的选拔与诊断。它既可用于选拔企业单位的管理人员，也可用于选拔事业单位的领导干部，还可以对组织的在职管理人员进行测评诊断。

如果对基层岗位的人员进行无领导小组讨论测试则得不偿失，既浪费物力、人力，又浪费时间，而且不一定能取得一般测评方法所能取得的结果，即无领导小组讨论测试所测评的要素不符合基层岗位人员所需要的要素指标，而这些要素指标却能从一般的测评方法中得到。对于无领导小组运用效果的评价，可以从应试者、组织者、评分者和实施过程几个方面来看。

第一，作为应试者，在进行无领导小组讨论时要注意以下几个方面：（1）对自己充满信心。无领导小组讨论测试虽然是求职竞争者之间的"短兵相接"，但并不是特别难以对付的可怕事情，因为各应试者同样可以进行公平竞争。（2）态度自然，有理有节。及时表达与别人不同的意见和反驳别人先前的言论，但不要恶语相加，要做到一方面能够清楚表达自己的立场，另一方面又不令别人难堪。（3）不可滔滔不绝，垄断发言，也不能长期沉默，处处被动。每次发言都必须有条理、有根据。（4）最好找机会成为小组讨论的主席，以展示自己引导讨论及总结的才能，尤其是对该问题无突出见解时，当主席实在是明智之举。

第二，有经验并受过良好培训的考官是无领导小组讨论测试成功的保障。无领导小组讨论测试是多个评价者结合测评要求，根据应试者在具体活动过程中的表现进行行为观察、分类和评价的，评价者自身的主观因素或其他因素可能会对评价的结果造成一定的影响。无领导小组讨论测试的评定结果易受到评委主观倾向、经验、态度、风格等因素的影响，也易受到应试者个性特征及行为风格的影响而产生较大偏差。有经验并受过良好培训的评价者的评分一致性较好。所以说，评价者必须经过科学的选择和严格系统的培训，同时还要求其具有较强的责任感。

第三，评价无领导小组测试的效果也要考虑到组织者的情况。组织机构对物质条件的提供应有基本的保障；组织者应认真设计和规划好包括无领导小组测试在内的整个测评活动，使应试者可以安排好应试活动，提前做好准备；同时，组织者更要协调好测试进行当中可能出现的意外情况。

第四，考虑测评程序的科学性。无规矩不成方圆，按照预定好的施策程序进行测试评价是测试取得成功的保证。所以我们在评价无领导小组测试的效果时，也要充分考虑整个测评程序是否科学，是否受到外界的干扰或人为的改变。

第八章

公文筐测试

公文筐测试，作为一种简便易行的领导测评工具，因其情境模拟性强、信效度较高等优点，广泛地应用于领导人才选拔实践。本章就公文筐测试的基本原理、开发与运用等内容予以简要介绍。

第一节　公文筐测试概述

一、公文筐测试的基本形式

典型的公文筐测试，要求应试者以某领导职位任职者的身份，模拟真实的工作情境，在规定条件下对各类公文材料进行处理，从而考察领导能力素质水平。公文材料包括信函、电话记录、命令、备忘录、请示报告、各种函件等，内容涉及人事、资金、财务、合同、工作程序、突发事件等诸多方面。根据公文筐测试的主要内容，实践中常用的公文筐测试包括背景模拟、公文处理模拟、处理过程模拟三种基本形式。

（一）背景模拟

这种形式是在测试正式开始前，先告知应试者所处的工作环境、在组织中所处的地位、所扮演的角色、上级管理者的管理方式和行为风格、情境中各种角色的相互需求信息等，用以评价应试者的准备与反应的恰当性。

（二）公文处理模拟

要处理的公文有三类。第一类是已有正确结论，并且已经处理完毕归入档案的材料。用这样的公文来让应试者处理，是要检验应试者处理得是否有效、恰当、合乎规范。第二类是处理条件已具备，要求应试者在综合分析的基础上做出决策。第三类是尚缺少某些条件或信息，观察应试者是否能够提出问题和表达进一步获得信息的要求。

（三）处理过程模拟

在该种形式中，要求应试者以某一管理者的身份参与公文处理，并努力使自己的行为符合角色规范。公文筐测试方法相对而言便于操作，目前国外大量研究数据除对公文筐测试的评分者信度提出质疑外，普遍认为公文筐测试信度较高，而评分者信度可以通过前期严格的评价培训得到提高。因为测试情境与工作情境几乎一致，信度水平较高。而对于应试者的处理方式的评价，不是一个人说了算，而是由几名评价者讨论决定。

总的来说，公文筐测试是基于领导人员和中高层管理人员的特点设计的，其表现形式、测评标准、情境设置等都紧扣领导与管理工作实际，因此，比较适用于领导人才的选拔。

二、公文筐测试的功能优势

作为对公文处理的模拟操作，公文筐测试不仅具有选拔评价的功能，也具有考核培训的功能。在实践中体现出比较明显的优势：首先，公文筐测试考察内容范围广泛，相关的背景知识、业务知识、操作经验以及能力要素都可以蕴含于公文处理之中，借助于应试者对文件的处理结果来实现对应试者素质的考察。其次，公文筐测试完全模拟现实中真实的管理工作情境，对实际操作有高度似真性，因而预测效度高。最后，测验材料涉及日常管理、人事、公共关系、政策法规、财务等行政机关的各方面事务，考察应试者计划、授权、预测、决策、沟通等多方面的能力，从而能够对中高层领导干部进行全面测量与评价。

当然，公文筐测试的开发设计成本较高，往往影响和制约其使用。首先，测验的设计、实施、评分都需要较长时间的研究与筛选，只有投入相当大的人力、物力才能保证较高的表面效度。其次，选择效标比较困难。有些管理者工作中存在的问题需要长期观察其一段时间才能发现，因此对管理人员选择准确性的验证往往比较困难，其中很大程度是由于难以建立适当的效标。

三、公文筐测试的构成要素

公文筐测试主要由测验材料和答题册两部分组成，目前主要以纸笔作答的方式进行。

（一）测试材料

即提供给应试者的文件资料、信息，是以各种形式出现的，包括信函、备忘录、投诉信、财务报表、公函、账单、上级工作报告等。测验中所用的材料共有十几份，每份材料上均标有材料编号，材料是随机摆放在公文筐中的，应试者在测试的各个阶段中都要用到这些材料。

（二）答题册

供应试者针对材料写处理意见或回答指定问题。答题册是应试者唯一能在其上写答案的地方，评分时只能根据答题册上的内容进行计分。答题册包含总指导语和各分测验的指导语，它提供了完成测验所需的全部指导信息。完成各分测验所需的指导语在各分测验开始时给出。

四、公文筐测试的主要能力要素

公文筐测试用来评价领导干部从事管理活动时，正确处理普遍性的管理问题和有效地履行主要管理职能时所具备的能力，特别是考察领导干部对多方面管理业务的综合运作能力，包括对人、财、物、时间、信息等多方面的控制、理解和把握。具体来说，主要包括：

（一）分析能力

应试者要能在所给的众多公文中获取有关信息，能综合这些信息资料，透过现象抓住本质，分辨出各项公文反映问题的轻重缓急，准确掌握关键所在，洞悉事物间联系，并找出造成问题的原因，适时地做出恰当的结论或对策。

（二）组织协调能力

主要考察应试者协调和部署各项工作，使之成为有机的整体，做到有章可循、有条不紊，并按照一定的原则要求，同时处理各部门之间的关系，调解不同利益方向的矛盾冲突，使组织内外关系和谐，同时合理调配组织资源，让组织中每个人的行动都指向总体目标。

（三）决策能力

这个维度得分高的应试者对复杂的问题能进行审慎的剖析，从而能灵活地找出各种解决问题的途径，对其做出合理的评估，对不同方案的结果有着清醒的判断，以提出更好的决策意见。

该维度主要考察三部分内容：决策的质量、实施的方案、影响因素。评价决策时，要仔细考虑决策背后的合理性成分，考察应试者有没有考虑到短期和长期的后果，是否考虑了不同备选方案的优点，如果采取某种行动方案，要能给出理由。

（四）预测能力

得分高的应试者可以全方位系统地考虑环境中各种不同的相关因素，并进而对各种因素做出合理恰当的分析，做出合理的预测，同时能使预测具有可操作性，提供有效的实施方案。

该维度主要考察三部分内容：预测的质量、预测所依据的因素、可行性分析。评价预测时，要考察应试者在多大程度上用到了提供的材料来做出预测，即是否综合运用了各种因素才做出分析。

（五）表达和沟通能力

要求应试者说明处理操作的理由或给出一份公文，如文件或通知，通过书面形式有效地表达出自己的想法和意见。根据评估内容，考察应试者的思路是否清晰，意见是否连贯，措辞是否恰当及文体是否合适。

得分高的文章要求语言流畅自然，文体风格与假设情境相适应，能根据不同信息的重要性来分别处理，具有结构性和逻辑性，考虑问题周到全面，能提出有针对性的论点，并熟悉各个领域。

（六）创新能力

应试者在处理问题时敢于突破常规，尝试使用不同的方法、手段、程序，创造性地解决困难和化解矛盾，并能给出合理的处置理由。

以上各个维度只是公文筐测试中经常用到的，并不说每个测试都必须要运用这些要素来对领导者进行考察。根据实际领导岗位的需要还可以在测试过程中有所增加，如洞察能力、计划能力、任用授权能力、团结部属的能力、岗位法规知识等。

五、公文筐测试的发展趋势

公文筐测试日益广泛的应用以及人事测评理论技术的新发展，对其提出了一些新的要求。公文筐测试未来的发展趋势主要表现在以下几方面。

（一）强调模拟的互动性

公文筐测试给予应试者需要与其进行交往的个体的背景信息（如下属、

同事、顾客），然后应试者与经过培训的角色扮演者进行相互交往，并不断增加新的测试公文，适当改变当时的情境，加进突发的偶然因素。角色扮演者根据标准的步骤和标准的回答与应试者进行交往，评价者由此观察应试者的行为。

（二）强调"全面模拟"

越来越多的组织开始采用"全面模拟"的方法进行评价，许多组织开始把一些模拟整合在一起，形成一个共同的工作情境。在公文筐测试中所扮演的角色在以后的模拟中可以仍然扮演这种角色，在整个评价过程中，应试者只扮演同一种角色。通过这种"全面模拟"可以在一定程度上减少应试者不断转换工作角色，增加测试的连续性，使应试者能够更全面地表现自己，提高评价的准确性。

（三）重新重视心理测验的补充作用

传统的评价中心常用心理测验作为观察被测评者行为的补充手段，但由于心理测验存在不利的负面作用，自20世纪60年代开始评价中心不再运用心理测验，而更加关注行为测验。目前的新情况是，心理测验特别是管理技能测验、领导决策测验、认知能力测验等又与评价中心结合使用。多方法、多角度地考察、评价应试者成为业界的共识。这也对测评人员的综合素质和专业能力提出了更高的要求。

（四）信息仿真技术的应用

网络信息技术的发展，使多媒体技术、音频视频、人机交互等方法技术在公文筐测试方法上得到了拓展运用，如电子公文筐、智慧办公系统等反映数字化办公环境，提高测试的仿真性，进一步提高测试的表面效度，也可以了解应试者在信息化工作条件下的适应性，同时也反映出信息时代和信息化社会对领导人才的新要求。

第二节 公文筐测试的开发设计

公文筐测试是一种较为复杂的测评方法，测评效果受到使用者、使用环境、使用程序等多方面的影响。因此，开发公文素材、编制公文筐试题必须要遵循严格的规范。

一、公文素材

公文是公务文件的简称，它是国家机关及其他社会组织在公务活动中为行使职权、实施管理而制作的具有法定效力和规范体式的文件。公文具有法定权威性、现实效用性、体式规范性、法定程序性等特点。了解各种公文种类及其基本情况有助于我们在设计公文筐测试时恰当选择公文，也有利于最后对被测评者进行准确的评价。我国现行的法定通用公文文种主要有：

（一）规范性文件

规范性文件主要有条例、规定、办法、决定等。条例，用于对某一个方面的行政工作做出比较全面的规定。规定，用于对某一方面的行政工作做部分的规定。办法，用于对一项行政工作做比较具体的规定。决定，用于对重要事项或重大行动做出安排。

（二）指导性文件

指导性文件主要包括命令、指示、批复、通知、通报等。命令，用于依照有关法律规定颁布行政法规和规章，宣布重大强制性行政措施，撤销下级机关不适当的决定。指示，用于对下级机关布置工作，阐明工作活动的指导原则。批复，用于答复下级机关的请示事项。通知，用于批转下级机关的公文，转发上级机关和不相隶属机关的公文；发布规章；传达要求下级机关办理和有关单位需要周知或者共同执行的事项；任免和聘用干部。通报，用于表彰先进，批评错误，传达重要精神或情况。

（三）公布性文件

公布性文件主要包括公告、通告。公告，用于向国内外宣布重要事项或法定事项。通告，用于在一定范围内公布应遵守或周知的事项。

（四）呈请性文件

呈请性文件主要包括议案、请示、报告、调查报告等。议案，用于各级人民政府按照法律程序向同级人民代表大会或人民代表大会常务委员会提请审议事项。请示，用于向上级机关请求指示、批准。报告，用于向上级机关汇报工作、反映情况、提出意见或建议，答复上级机关的询问。调查报告，用于反映调查研究的成果规律。

其他还包括商洽性文件（函）、会议文件（会议纪要）等。

二、编制公文筐测试题目的原则

（一）系统性原则

公文筐测试中一般包括5—30份公文，各个公文并不是孤立存在的，而是作为一个系统来综合测评应试者的各种能力。公文筐测试可以考察的能力一般包括逻辑分析能力、统筹能力、组织能力、决策能力、协调能力、书面表达能力、应变能力等。其中一些能力必须根据应试者对所有公文的处理来进行评价，例如在评价统筹能力时，需要考察应试者是否能够根据公文的轻重缓急而有所区别地处理每份公文。有些能力则需要根据个别几份公文的处理来进行判断，例如综合分析能力。而有的能力只需要一份公文就可以测量，例如决策能力，但这一公文同时也承担了考察书面表达能力的功能。各份公文在公文筐测试中扮演着不同的角色、承担着各自的功能，互相牵制从而构成一个有机的系统，作为一个整体来测量应试者的各种能力。

（二）关键性原则

根据"二八"原则，在工作中20%的关键工作产生了80%的绩效，而其他80%的工作仅产生了20%的绩效。因此在设计公文筐测试时必须注重关键性原则。在公文筐测试中，为了保证情境的真实性，测试的设计者会在设计过程中采用形式不同、性质各异的公文，包括电话记录、请示报告、上级主管的指示、待审批的文件、各种函件和建议等。

作为一项测试综合能力的工具，公文筐测试应该以工作中的关键事件来构架公文测试的核心部分。因为作为一位合格的领导干部应该在岗位必须处理的关键事件上表现出良好的素质，才能预期其在接任管理职位之后能够有较好的工作业绩。因此在设计公文筐测试之前必须做好关键事件访谈这一重要工作。

（三）针对性原则

公文筐测试与传统的能力测验的主要区别在于两者的对象不同，前者的对象应具有综合管理能力，而后者针对的是一般能力。应用公文筐测试的一个前提假设就是，在管理工作中直接影响管理绩效的是综合管理能力，而不是一般能力，两者是有差异的。综合管理能力不但受到一般能力的影响，同时还在很大程度上受到经验和情境的影响。因此在设计公文筐测试时必须要考虑到应试者的经验背景差异，根据不同的职位要求来设计具有针对性的公文筐。

（四）标准化原则

由于公文筐测试有别于传统的能力测验，并没有完全客观化的答案，评分会受到评分者主观判断的影响，为了减少主观因素的影响必须在设计时做到标准化。首先，必须做到设计程序的规范，设计方法的科学，这是公文筐测试有效性基本的前提保证。其次，计分点要尽可能地做到详细，这样就可以在一定程度上避免由于主观评定标准的差异所带来的误差。最后，必须对评分者进行科学的培训，以提高评分者观察时的准确性。

（五）随机性原则

公文筐设计的随机性原则有两层含义：一是公文的呈现顺序要具有随机性，二是公文的取样要具有一定的随机性。在设计公文筐测试时，一般是先选定一个或两个文件组，文件组中的文件是相互关联的、相互牵制的，这些文件组就构成了公文筐的骨架。然后以这一公文组合为参照，补充其他的公文，以测查到所要测查的所有能力要素，并保证公文筐中公文结构合理具有代表性。在完成这一程序之后，必须先对公文的呈现顺序进行随机安排，然后再根据实际情况，把公文次序中与现实情况相悖的部分进行适当的调整。这样就使公文处理的线索被隐藏起来，公文筐情境与实际工作情境更为相似，从而有利于准确测查各种综合管理能力。

在公文的取样中，我们必须尽可能收集最为全面的公文形式。但在公文筐设计过程中，由于测试的时间有限，不可能穷尽所有公文，因此必须对公文进行选择。选择的一般方法是，首先确定公文筐的基本结构，其次在已设计好的公文库中进行分层随机抽样。这是随机性原则的又一体现。

三、编制公文筐测试题目的步骤

第一步，确定公文筐测试的测评要素。在这一阶段，借助于领导职位说明书，了解应试者所应聘领导职位所需要承担的任务职责，以及职位工作的特点，确定胜任该职位应具备哪些知识、经验和能力等。以此确定公文筐测试要测评什么要素，哪些要素可以得到充分测评，各种要素应占多大权重。

第二步，构建公文筐测试的测评指标体系。一般来说公文筐测试能够测评处理实际问题的能力、分析能力、决策能力、规划能力、组织协调能力、表达沟通能力以及创新能力等。对这些测评要素给出详细的行为描述（见表

8-1），然后运用问卷调查或专家评议等方法对确定核心测评要素，进而形成符合目标领导职位要求的公文筐测试的测评指标体系。

表 8-1 测评指标界定

序号	测评指标	内涵界定
1	综合分析能力	对问题的敏感性强，能把问题分成几个方面，并能抓住事物的本质或主要方面，进行全面、透彻、系统、逻辑的分析，最后得出正确的结论
2	统筹能力	在纷繁复杂的工作中能够准确把握轻重缓急，抓住工作重点问题，并分阶段、分步骤、循序渐进地安排复杂的工作
3	组织能力	能正确认识自己的工作责任，善于分配工作与权利，并能积极传授工作和知识，引导、督促部属高效地完成任务
4	协调能力	能够巧妙地处理各部门之间的利益关系，合理地调配组织资源，使组织内外关系和谐，从而凝聚组织中各方面力量，相互密切配合
5	决策能力	善于对复杂问题进行审慎的剖析，能灵活地搜索各种解决问题的途径，并做出合理的评估，从而及时、果断地做出全局性的、可行性的高质量决策意见和行动方案
6	书面表达能力	书面表达结构严谨，逻辑严密，语言生动流畅，言简意赅，准确反映自己的想法

确定的测评指标往往是比较抽象的，评分者在评价时很难据此做出准确评价，因而还必须要把确定的初级指标要素进行分解，确定出更可操作的二级指标，并可对二级指标进行分解说明（见表8-2）。

表 8-2 评价指标的可操作性定义示例

测评指标	二级指标
决策能力	决策时效性 方案可行性 考虑全局性
统筹能力	事件判断准确性 工作安排计划性

第三步，确定测评指标的权重。不同系统、不同领导职位任职者的能力

要求是不同的，因此在各个关键指标上的权重分布也不同。可以根据经验，专家判断，或者因素分析等方式确定其权重。

第四步，编制公文筐测试题目。根据测评目标，建立典型公文素材库，编写公文筐测试题目。一般来说，公文筐测试的主要部分是1—2组的组合公文，每个组合包括5—8份相关的公文。这些公文互相牵制，必须考虑到各个相关公文的内部联系才能获得有效合理的解决方案。这一组合公文在收集公文时很难直接找到，需要结合访谈得到的复杂关键事件，参照各种公文的形式来设计。在完成组合公文的设计之后，可以依次针对各种需要考察的能力来设计公文。在此过程中尤其要明确应试者的角色和任务。最后编制复本题目、指导语和答题纸。

第五步，确定评分标准。由于公文筐测试有别于传统的能力测试，并没有完全客观化的答案，评分会受到评分者主观判断的影响。为了减少主观因素的影响，就必须在设计时尽量使评分标准做到客观、详细。可以根据确定的测试内容，设定相应的评分标准。一般评分标准可以分为六级。最低的0分——说明根本没有显示出评定要素；1分——远远低于可接受的标准，明显不适合从事该项文件处理工作；2分——低于可接受的标准，基本上没有达到所需行为的质量、数量标准；3分——可以接受，基本达到所需行为的质量、数量标准；4分——高出可接受的水平，基本超过所需行为的质量、数量标准；5分——远远高出可接受的水平，明显高于成功的工作绩效所需要的各项标准。分数也可以转化为百分制，如可以分为0—19、20—39、40—59、60—79、80—100五个分数段。

在评价时也可以用等级评分法，这时必须对各要素的等级有一个详细的对照说明，表8-3、表8-4给出了综合分析能力和决策能力的等级说明。

在确立评分标准时，要有参考组的常模，这样评定的标准比较可靠。例如，事先测评了一批成功的领导人员，他们的平均得分为75分，那么对于那些在同样测评中获得75分或更高分数的人，应聘相同职位后，很有可能取得成功。

表8-3 综合分析能力评定等级说明

等级	等级解释
优	能够准确认识到公文之间有无联系，并能根据公文之间的联系来处理问题
良	能够较为准确认识到公文之间有无联系，并能根据公文之间的联系来处理问题
中	能准确认识到公文之间有一定的联系，但不能根据公文之间的联系来处理问题
差	不能够认识到公文之间的联系，也不能根据公文之间的联系来处理问题

表8-4 决策能力评定等级说明

等级	等级解释
优	能够及时做出决策，决策时能全面考虑各方面的因素，并提出可行的方案
良	能够及时做出决策，决策时能考虑各方面的因素，但不能提出可行的方案
中	能够做出决策，决策时考虑因素很少，也不能提出可行的方案
差	无法有效做出决策，也不能提出可行的方案

第六步，在正式施测之前，应该针对类似岗位选择5—10位管理人员被试，进行一次小范围的试测。一是为了进一步修正公文筐中的项目及评价标准，二是有利于对主试和评价人员进行培训。对评价人员进行培训时主要是让其掌握评价的内容和标准、了解需要观察的行为、了解如何减少评分中的偏差。

四、编制公文筐测试题目的注意事项

一是要注意把握公文材料的难度。目前国内对各个领导职位应具备何种水平的知识、经验和能力缺乏客观可靠的依据，难度的把握比较困难。把握不准导致材料难度过大，在一定程度上会降低测试的效度，无法获得合适的人才。材料过于容易，测试会出现"天花板效应"，对应试者的能力水平难以有效区分。

二是要注意公文材料真实性。对于完全杜撰的材料，应试者可以根据一般知识推理来完成，因此处理的结果没有针对性，看不出应试者的水平差异。对于完全真实的材料，过于偏重经验的检测，忽视潜能的测评，同时降低了选拔过程的公平性，同样的能力水平内部应试者被录取的可能性更大。

第三节　公文筐测试的操作实施

公文筐测试的实施程序主要包括准备、实施、评价、结果反馈四个阶段。

一、准备阶段

该阶段主要包括测试材料和测试场所的准备。准备好测试要用的各种测试材料、答题册、橡皮、铅笔等，保证每位应试者拥有以上测试材料和工具。事先要对每份材料编号，便于清点核对。答卷册主要由三部分内容构成：一是应试者姓名（或编号）、文件序号、重要程度和紧急程度等；二是处理意见（或处理措施）、签名及处理时间，三是处理的理由（见表8-5）。文件序号只是文件的标识顺序，不代表处理的顺序，应允许应试者根据轻重缓急来调整顺序，但给所有应试者的文件顺序必须相同。答题册一般可以附在每一份公文后面。

表 8-5　公文筐测试答题册示例

应试者编号：	文件序号：	重要程度：	紧急程度：
处理意见： 签名： 年　　月　　日			
处理理由： 			

依据预定的应试者人数选择好合适的测试地点，布置考场。考场环境应布置得安静和整洁，避免干扰，室内光线亮度良好。因为要处理许多文件，

办公桌要足够大。如参加人较多，相互之间要保持一定距离，避免相互干扰，所有应试者应在同一时间内完成。

此外，测评人员在测试前要熟练掌握施测程序，以及熟记指导语。要求宣读指导语时不念错、不停顿、不重复、不结巴，以免影响应试者和整个测试进程。

二、实施阶段

完成对应试者身份确认以后主试发给应试者测试指导语、答题册和装试题的密封公文袋。指导语分为两个部分：第一部分是总指导语，是对测试规则、目的说明和对公文处理情境的描述，主要包括应试者扮演的角色、情境中组织的构架等；第二部分是对整个测试中各个题目反应方式、答题要求以及测试时间的说明。一般总指导语由主试宣读，而第二部分的内容则由应试者在答题过程中自行阅读。评价者在规定时间到来时收回所有考题和答题册，注意在测试过程中不要过多地提醒应试者赶快答题，以免给应试者带来焦虑。

三、评价阶段

评价宜在应试者测试结束后立即进行。公文筐测试的答案不可能做到完全客观化，评价会受到评分者主观判断的影响。为了降低影响，一方面必须在设计时尽力做到标准化，另一方面在评价前必须注重评价人员的选择和培训。

（一）评价人员选择

公文筐测试对评价人员要求较高，需要评价人员在结构上最好能做到：第一，必须考虑能力的互补。在评分时其中的一部分必须是曾经接受测评，并通过一定的评价技术培训的在职管理人员（一般是选拔职位的上级主管及人事组织部门的领导人员）。同时还有部分必须是有丰富测评知识和一定管理实践经验的心理学专家，每一次评价者不少于 5 人。第二，要考虑评价者之间气质的互补。不同气质的评价者组合在一起能够消除评分中对某一气质类型候选人的偏好。第三，要考虑性别的互补。不同的性别有不同的长处，女性较为细心、耐心，可以从细微处观察人；男性较为坚强、抽象，倾向于从全局把握人。另外，性别的互补可以避免评分过程中的性别歧视。第四，要考虑到年龄的互补。年龄的差别体现了精力、知识、经验和处理问题方式的差异。不同年龄段的评价人员组合起来更能客观地评价不同年龄的应试者。

（二）评价人员培训

由于公文筐测试的技术性较强，因此进行测试之前要对评分人员进行一定的培训。培训的内容一般有以下几项：第一，接受公文筐模拟测试。一次模拟测试可以让评分者能够了解公文筐测试的内容、答题的方式、测试的组织方式。第二，让评分人员对模拟测试的结果自己评分或互相评分。这一过程可帮助其了解公文筐测试的评价内容和评价标准。第三，对评分者进行公文筐测试的总体讲解，使其对公文筐测试形成一个完整的理性认识。第四，针对具体的公文筐测试答卷和处理过程进行讨论，使评分者的评分达到基本一致，这是培训评价能力的关键时期，需要引起足够重视。第五，自信心的培养。如果评价人员缺乏信心，就会使接受评价的人员产生不信任感，最终会影响评价的结果。

（三）评价人员评分

测试结束之后，需要对测试结果进行评分。为了保证评分的客观性，可以把评分过程分为三部分。第一，请每一位评价人员独立对每一位应试者进行评价，并填写在评分计分表上，然后由工作人员汇总。第二，对评分人员给每一位应试者的得分进行比较分析，观察是否在某些指标上出现的差异较大，如果无较大差异就可以确定最终的得分。第三，如果在某些指标上出现的评分差异较大，就必须进行讨论，然后在此指标上分别重新打分，若还有争议则需要继续讨论继续打分，直到意见较为一致为止。

表 8-6　公文筐测试计分表（部分举例）

评分指标		观察要素	得分 （满分 10 分）	备注
决策 能力	决策时效性	能根据情境的紧急程度，对公文反映的情况做出适时处理		
	方案可行性	做出的决定充分考虑情境所提供的有效资源，并在现有的条件下可以有效执行		
	考虑全局性	做决定时能考虑各方面的利害关系，做出的决定不妨碍其他决定的有效执行		
书面 表达 能力	思路清晰度	叙述有条理，层次分明		
	措辞恰当性	称呼、语气与自己在情境中的身份相符		
	文体相应性	处理意见中所采用的公文文种和体式的准确程度		
评　语：			总得分：	
			评分者签名：	

四、结果反馈阶段

整个测评活动的任务可以分为两部分：一部分在于"测"，即评定各位应试者能力素质的高低，好中选优，选拔最适合岗位的领导干部人才。但更重要的另一部分在于"评"，为组织提供人事资料的信息，同时帮助领导人才个人发挥自己的优势，提高行为绩效，而这些工作都依赖于评价结果的反馈。通常在反馈测评结果时，测评人员要整理出一份详细的反馈报告，报告的内容涉及：测评的过程、测评的方法、测评的分析过程、测评的分析结论和整体结论以及测评的建设性意见等。

附录：某中央企业办公厅副主任选拔公文筐测试题目

【说明】

本题为公文筐测试，它模拟实际的领导管理情境，考察管理者日常管理的经验和能力。假设你是集团公司办公厅副主任张际中，由于办公厅主任因病在家休养一年，现由你主持办公厅工作。

今天是×××年5月10日，星期三。现在的时间是上午8：50，你来到办公室，桌上有些需要处理的文件材料。

请阅读下列5个文件材料，然后按照要求完成后面给出的任务。

文件材料一

张主任：

今天早上8：30，集团总值班室接到某省××公司电话报告。今天上午8：20左右，该公司下属祁家沟矿一号井发生严重的瓦斯爆炸事故，爆炸发生时，有63名工人在井下作业，目前生死情况不明。据报告，××公司领导已经指示祁家沟矿迅速组织抢救，并将情况向当地××县政府进行了通报，公司主要领导亦已赶往祁家沟矿。

综合处

×××年5月10日

文件材料二

张主任：

接集团冯总电话，国资委财务监督与考核评价局张副局长一行3人将于5月12日来集团调研并指导工作，他们此次主要调研、指导今年集团国有资产保值增值及风险控制工作。冯总指示，自今年以来，集团公司在相关方面做了许多工作，取得了明显的成绩。此次国资委的同志来集团调研指导工作，有关部门一定要高度重视，既要让他们充分了解今年集团在有关方面取得的成绩，也要敢于暴露缺点和不足。冯总要求由办公厅牵头，做好国资委同志此次调研的接待工作。

张副局长一行在集团的行程是 12 日早上 9：00 到，14 日下午 4：00 返回。

综合处

××××年5月10日

文件材料三

张主任：

根据您的指示，我们草拟了您在××××年6月6日集团公司保密工作会议上的讲话，请您审示。

综合处

××××年5月9日

附件：

张际中同志在××集团公司保密工作会上的讲话（初稿）

（××××年6月6日）

同志们：

今天召开集团公司保密委员会工作会议，主要任务是贯彻落实中央保密委员会、集团公司保密委员会转发《关于在全国党政军机关开展一次保密工作大检查的通知》精神，通报集团公司在这次检查工作中存在的问题及下一步的整改措施。

保密工作是一项特殊工作，担负着"保安全、促发展"的重任，关系党和国家的安全、经济的发展和社会的稳定，关系公司的商业机密和长远发展，必须引起我们高度重视。下面就保密工作讲三点意见：

一、明确指导思想，充分认识做好保密工作的重要性

保密工作的重要性不容忽视。保密工作是一项非常重要的工作，是维护国家安全和利益的重要手段，国际上的政治斗争、军事对抗、综合国力的较

量以及经济、科技、贸易等方面的交流与合作，都是和保密工作紧密联系在一起的。在当今的世界上，谁的保密工作做得好，谁的情报工作做得好，谁就能在竞争中掌握主动，取得优势。否则，就会被动挨打。因此，世界各国都非常重视保密工作。许多国家都用法律的形式严格规范保密工作，并为此而投入大量的人力、物力和财力。

保密工作在我们党和国家的各个不同历史时期都发挥了极其重要的作用，历来受到党和国家的高度重视。最近，中央领导同志在与参加全国保密工作会议的部分同志座谈时指出："保密工作历来是党和国家的一项重要工作。革命战争年代，保密就是保生存，保胜利；在和平建设时期，保密就是保安全，保发展。""保生存，保胜利""保安全，保发展"12个字，高度概括了我国保密工作在不同历史时期所发挥的极其重要的作用。

多年来，我国的保密工作成绩卓著，有了长足的发展，但面临的形势依然严峻，国外敌特机关以金钱收买、色情诱惑、请吃请喝等手段从我国搞走的军事、政治、经济、科技等国家秘密也不少。加之一些领导干部、有关工作人员脑子里缺乏保密这根弦，所以，卖密、送密、泄密现象时有发生，给国家和人民利益造成了损失。还有的部门领导及相关人员对保密部门的通知、规定不闻不问、不理不睬，工作马虎，不尽职守，对保密工作认识不足。因此，各级领导干部和负责办公室收发文工作的同志、上网计算机管理人员，一定要提高认识，明确责任，完善文件资料的管理制度，规范文件资料的运作程序，特别是涉密文件资料一定要严格签收制度，严格控制流向，专人保管，专柜专盘保存，确保涉密资料、信息的运转安全。对发生涉密资料短缺或失密泄密事件的单位，不管涉及谁都要坚决查处，做到发生一件查处一件，查处一件教育一片。

二、认真开展保密法制宣传教育，增强广大干部职工的保密意识

近期以来，保密部门在宣传《中华人民共和国保密法》及其他保密法规上做了大量的工作，也取得了一些实效，但我们的一些领导干部、涉密人员对保密法规知识还知之甚少，保密意识还不强。因此，加强保密法规的宣传

教育仍然是一项长期的任务。

（一）继续抓好宣传教育，在学习保密法律法规上下功夫

对保密法律法规的宣传教育是加强保密法制建设的中心环节。抓好保密法制宣传教育，关键要开拓创新，选准切入点。一是要加大对领导干部和涉密人员的培训力度，提高他们的思想政治素质和业务素质，使他们在本单位的学法活动中发挥骨干带头作用。二是要通过涉密人员专题教育、会议教育、专题讲座、保密知识问答等多种形式，加强对领导干部、涉密人员的宣传教育工作，克服麻痹思想，强化保密意识，进一步增强涉密人员的责任心和使命感。三是要继续做好保密形势教育录像的播放工作。四是要利用一些典型的失密泄密案例，对干部职工进行警示教育。如1998年曾任海南省政府办公厅副秘书长的席世国与特务勾结，出卖国家秘密，案犯因犯有非法提供国家秘密罪、间谍罪，被法院判处无期徒刑，剥夺政治权利终身。办公厅的多名干部也因失察受到了处分。这个案件在全国曝光后影响很大，值得我们认真反思。"高飞之鸟，毁于美食"，贪图金钱享受，终究要受到法律的严惩。一位受处分的干部后来说："我谨守清贫、不贪不占，因保密上受了处分，真是悔恨一生。"又如国家统一考试中的试卷泄密；党、政、军及科研部门的一些领导和涉密人员，因经受不住金钱、女色和吃请的诱惑而泄密，因交友不慎、讲哥儿们义气而泄密的案例也不少；还有涉密人员使用上网计算机时不采取防范措施而泄密的案例也很多。总之，我们要通过加强宣传教育，在广大干部职工中不断营造一个学法、用法、守法的良好氛围，增强保密警觉性和政治鉴别能力，警惕失密泄密案件在我们身边发生。

（二）坚持抓好涉密人员的岗位培训，在提高质量上下功夫

根据中央保密委员会、集团公司保密委员会的要求对涉密人员的岗位培训是今后两年的重要任务。集团公司的培训要抓三个方面的工作：一是抓重点。重点就是各二级单位、机关各部室的办公室负责人、办公室收发员、计算机等方面的涉密人员，他们不仅需要有良好的素质，更需要有广博的知识。要严格执行集团公司保密委员会关于"没有经过保密部门组织培训或者培训

不合格的，一律不得再从事经管秘密的工作"的规定，各级领导要积极支持涉密人员参加培训，提高业务知识水平。二是抓关键。关键就是抓好教学队伍，保密专员要亲自授课，同时要聘请有关专家或老师讲课，全方位提高涉密人员的知识水平和业务能力。三是抓课程的设置。课程设置要有针对性，坚持理论学习与实际运用相结合。解决实际操作中的难点问题，让大家学有所获，学有所得，讲求实效。

（三）坚持"三个管好"，在执行保密责任制上下功夫

中央保密委《关于党政领导干部保密工作责任制的规定》中，明确提出了"三个管好"和单位主要领导对本单位保密工作负领导责任的要求。"三个管好"，即各级领导干部要坚持管好自己，管好配偶和子女，管好身边工作人员。集团公司要将这个要求列入领导班子年度民主生活会、领导班子中心小组学习会和干部任前谈话的内容，各级领导班子要认真对照检查。

三、全面落实保密措施，提高保密工作的针对性和实效性

当前，集团公司的保密工作总的来说开展得不错，但也存在不少问题。一是相关保密制度不完善，有的需要修订，有的需要补充。二是部分要害部位及涉密人员管理不严，工作中存在有令不行、有禁不止的现象。三是保密工作经费未纳入年度预算等。以上问题，需要我们采取得力措施认真加以解决。

（一）完善规章制度建设，建立公司系统保密制度体系

国家的保密法律法规、公司制定的保密工作规定是公司开展保密工作的依据。集团公司颁布了一些规定，将进一步建立健全保密规章制度，逐步形成公司保密制度体系。我们也要结合自身特点，建立健全各项保密制度，不断完善各项保密措施，保证本单位保密工作有章可循，有制度可查，有措施可用。

（二）加强公司机关及各单位的保密工作

公司机关及各单位在工作中产生、传递、使用和管理的涉密文件，是保密工作的重点。各部室、各单位必须按照《中共中央保密委员会办公室、国家保密局关于保密要害部门、部位保密管理的规定》的要求，在广泛征求意

见的基础上，确定本单位保密要害部门与部位，加强对保密要害部门与部位工作人员的教育和管理，按规定对保密要害部门与部位配备相应的设施设备，要加大对保密技术的投入，将上述经费列入企业预算，重点保证必备的保密技术防范设施和检查设备的所需经费，以增强保密工作方面的技术防范能力。要明确管理责任人，制定具体管理措施和规章制度，按照"谁主管、谁负责"的原则，做到任务落实、责任到人、严格管理、确保安全。

（三）做好集团公司系统商业秘密的保护工作

集团公司机关和各单位在日常工作中形成和积累了大量的涉及电网规划、生产经营、知识产权等各方面的文件资料，特别是特高压电网建设的资料、同业对标数据、典型设计方案、招投标文件、商业合同等，关系公司的发展和切身利益。对上述文件资料、公司领导和各单位重要的公务活动计划安排、未出台的工作安排、干部人事安排、领导干部电话、安全事故案件、审计案件、纪检案件等方面工作的资料都要加强管理和保护。要结合本单位本部门的工作实际，制定相应的管理措施，要教育员工忠于职守，维护企业的利益和形象，保护好公司的商业秘密。

（四）加强涉外保密工作的管理，确保国家秘密安全

一是加强对出国（境）人员的保密管理，做好出国（境）前的保密教育。二是加强对外商贸、科技合作和学术交流等活动中的保密管理。三是加强驻外机构及人员的保密管理工作，使出国（境）人员熟悉、掌握涉外保密管理法律法规的具体要求，严格区分秘密和非秘密的界限，在对外交流活动中时刻保持清醒的头脑，克服和平麻痹的思想，增强敌情观念，确保国家秘密的安全。驻外机构和出国人员与国内联系涉密工作事项，应通过我国驻外使领馆保密通信渠道办理，严禁使用其他通信设备传输未经加密处理的涉密信息。

（五）重视涉密计算机信息的保密管理，确保涉密网络信息安全

要高度重视涉密计算机信息系统的安全防范和保密管理，认真履行信息安全保密检查职责，按照涉密计算机信息系统保密管理的有关规定，做好涉

密网络、涉密计算机、涉密介质的管理。按照国家保密局的要求，充分运用涉密计算机信息系统保密检查工具，开展经常性的保密检查。确保涉密计算机不上网、上网计算机不涉密，把好上网信息审查关。抓好涉密磁介质在销毁、回收、维护过程中的保密管理工作，确保安全。

（六）积极采用现代科技技术，防范高科技窃密

根据保密要害部门、部位的保密技术防范要求，积极采用现代科学技术，加强对保密环境、办公设施以及重大涉密活动涉密计算机网络的保密技术设备配置工作。针对当前涉密存储介质、涉密笔记本电脑的使用等情况，采取切实可行的措施，防止因使用管理不善引起的失密泄密问题，提高保密技术防范能力和保密技术检查水平，落实保密技术装备要求。

（七）加大保密督察力度，严肃查处泄密案件

要进一步加大保密督察力度，切实加强对泄密案件的查处工作，重视对涉密载体销毁环节的检查，规范管理措施。严格执行泄密事件报告制度，做到不漏报、瞒报泄密事件。

同志们，保密工作责任重大，使命光荣。希望公司保密工作人员要深入学习实践科学发展观活动，坚持全面、协调、可持续的科学发展观，切实贯彻落实上级保密部门的部署和要求，结合集团公司保密工作实际，振奋精神，求真务实，狠抓落实，全面推进保密工作，为公司的改革、发展和稳定做出新的贡献。

谢谢大家。

文件材料四

情况通报

××集团公司：

最近一段时间，我们陆续接待了一些据说是贵集团公司下属企业下岗职工的上访，反映你集团一些下属企业违反国家有关规定，拖欠下岗职工工资、退休职工医药费等问题。据称，这些问题经过多次反映、投诉都没

有得到解决，群众对此意见较大。今天下午3时许，一家中央主流媒体的记者来本局了解情况，也反映了类似的问题。据该记者讲，他已掌握了大量的相关情况，准备以《内参》和公开报道的形式，向有关部门和公众反映、披露贵单位的相关情况。

今年是敏感时期，一些问题处理不好，容易引发群体性事件，将会给本市的社会稳定和发展带来不利的影响。现将此情况通报给你们，请贵单位采取切实有效的措施，妥善解决相关问题。

××信访局

××××年5月9日

文件材料五

张主任：

根据工作安排，集团公司定于5月17日举行集团公司开展深入学习实践科学发展观活动总结大会，除对此次深入学习实践活动进行总结外，会议还将表彰集团公司本年度先进党组织、优秀共产党员和优秀党务工作者。除集团公司党组成员外，中央企业学习实践活动指导检查组也将出席大会。

党组×书记要求，集团公司开展深入学习实践科学发展观活动取得了很好的效果，涌现了许多先进的人物，广大职工精神面貌焕然一新，为集团公司的经营和发展起到了很好的促进作用。因此，一定要开好这次总结大会，在中央检查组面前，充分展示我们职工的风貌。

×书记指示，总结大会由办公厅牵头组织，拿出落实方案后，报集团公司党组审批。

综合处

××××年5月10日

认真阅读上述文件材料，完成下列任务：

1.请对上述五个文件材料提出总体处理的原则和思路。

2.请给出对祁家沟矿瓦斯爆炸事故的处置意见。

3. 请提出接待国资委调研的意见和方案。

4. 针对文件中的讲话稿，提出你的修改思路和意见。

5. 请就《情况通报》中的问题，提出具体的处理意见和要求。

6. 请就召开总结大会方案提出思路，并提出具体的意见和建议。

第九章

资历评价技术

相对于心理与行为测量、评价中心技术而言，资历评价技术是一种独立的人才测评技术。资历评价是通过对测评对象的个人背景、工作与生活经历进行分析，来判断其对未来岗位适应性的一种人才测评方法。我国有较为悠久的资历评价思想和实践，目前资历评价技术广泛应用于各类领导人才的选拔任用和考核评价。

一、资历评价技术的主要特点

（一）依据的真实性

资历评价技术是以应试者个人过去的经历作为评价依据，来分析、预测其未来的职务行为倾向或成就，这种经历通常是可以核实的。因而资历评价技术的依据具有较高的真实性。

（二）评价的普适性

资历评价的结果与应试者的多种行为（效标）之间往往有较高的相关度，如工作绩效、出勤率等，因而可以用于对应试者行为的多维预测。在这一点上，资历评价技术优于单一的心理测验和经验预测。如一般的经验预测和测验数据统计显示，性格外向的人更适合从事管理工作或营销工作，而现实中性格内向的人在管理工作或营销工作中同样可以取得成功。在经验预测和测验预测无能为力的地方，资历评价技术可以发挥较好的作用。

资历评价的方法较之心理适用面更广。因为心理测验受文化、教育、意识形态等方面的影响较大，因而在一种文化背景、一种人群适用的测验，在另一种文化背景下或对另一种人群就不适用。而资历评价的方法则不受上述限制。

（三）评价的准确性

资历评价技术是通过应试者过去的工作经历、工作表现来预测其未来的表现，其方法论原则体现的是整体主义和历史主义；而心理测验和经验的方法则往往是从单一（心理）因素出发对应试者进行预测，其方法论原则是静态分析—还原主义的。这种从整体中割裂出部分再根据部分预测未来整体状况的方法很容易造成模型与原型相似关系的失真。

资历评价技术有效性的方法论基础正是在于其整体主义和历史主义的方法论原则。换言之，资历评价技术是在对整体和历史联系的考察中把握未来。至于过去与未来的逻辑关联本质和作用机制的细节说明，则并不是资历评价技术所苛求的。

资历评价是一种书面评价方法，在对资历表中每一问题确定了评分标准和权重后，这种加权申请表就能有效地反映应试者的价值。由于其较少受情境、环境或评分者身体与情绪状态的影响，因而其评价具有较高的客观性和公平性。而面试往往会因主考官的看法不同而对应试者产生不同的评价。

国内外的许多研究表明，资历评价的标准掌握、评价过程和评价结果对不同性别、种族和年龄段的人群都是比较公平的。在资历相似的情况下，妇女、少数民族和年长者的资历评价结果与男性、汉族和年轻人的资历评价结果相比并无显著差异。而许多心理测验则由于评价标准（常模）、评价过程（时间选拔与疲劳因素等）和标准掌握等方面的缘故，在评价的结果上易受各种偶然干扰和系统干扰的影响。

（四）使用的方便性

资历评价的操作规范性强，对评价者的专门知识和技能要求相对不高，通常经过简单的培训即可胜任。因而相对于心理测验和评价中心的技术方法，资历评价技术在使用的简单性、方便性和灵活性上较之其他评价方法而言具有明显的优势。

（五）较高的性能价格比

与其他测评技术相比，资历评价技术的开发和使用成本均较低，使用条件容易满足，不像知识测验那样需要大量消耗一次性的试卷和题本，也不像心理测验那样需要专门的仪器设备或工具。同时资历评价技术在人才选拔的效果和效率方面可以达到较高的水平，因而具有较高的性能价格比。

此外，资历评价内容相对简单、固定，保密要求不高，可以重复使用，这也是其优于其他方法之处。

（六）与其他评价方法的互补性

资历评价技术并不排斥其他评价方法。相反，它可以与其他评价方法相互补充。在国内外人才选拔中，资历评价技术通常是最先用于对应试者进行筛选的方法。在一般情况下，只有通过资历评价的应试者才可以进入下一轮的选拔。因而资历评价技术可以有效地减少后续工序的工作量，提高选拔工作的效果和效率。

二、资历评价技术的种类

资历评价技术的常用类型有三种：工作学习经历评价、加权申请表和经历调查表。

（一）工作学习经历评价

工作学习经历评价是考察应试者是否具备胜任工作所必需的工作经验和教育培训经历的一种方法。这种经历评价的前提假设是，具有特定经历的人具备特定岗位所需要的素质。

工作学习经历评价一般可以使用通常的履历表进行。

这种经历评价又有三种主要形式：资历时间评价、工作要素评价和资历等级评价。

资历时间评价主要是通过其个人经历，考察应试者在出任现职之前的经历中，是否满足一定或特定岗位的任职时限要求。例如考察某位应试者在提拔至上一级岗位之前，是否在下一级岗位上干满了规定的时限。

工作要素评价主要是通过其个人经历，考察应试者是否具备一定工作岗位所需要的职业或专业素养。例如，拟从事财政金融工作的人是否具有相应的财政金融方面的学习与工作经历。

资历等级评价是对其经历中相应的资历做出等级评价。例如，同为从事教育工作的应试者，其过去从事的教育行政工作是科级、处级还是局级。一般情况下，应该考虑资历等级的连续性和岗位的匹配性。如非特别需要，高职低配或低职高配的情形应该尽量避免。

（二）加权申请表

加权申请表是将常用的履历表加以改进，变成由有关问题组成的开放式问卷。

开放式问卷的编制要参照实际任职者的履历表。通过对实际任职者的履历表进行分析、统计并汇总，确定出每个项目回答的权重，然后以此为依据对申请表的经历进行评定。

例如，在一个组织里，具有大学以上学历的人员中有 80% 的人被领导确认为工作胜任者，而在不具备大学本科学历的人员中只有 40% 的人被领导视为工作胜任者。那么在资历评价的权重比例上，应该给具有大学以上学历的应试者 8 分，而给不具备大学以上学历的应试者 4 分。

（三）经历调查表

从题目形式看，经历调查表是标准化的加权申请表。

经历调查与加权申请表的不同之处在于，后者是开放式问卷，而前者是以选择题的形式向应试者提出有关其生活和工作经历方面的问题，以及其对过去经历中的各种事物的态度、意见。考察者根据应试者的回答，来对其在某些方面的能力和发展前景做出预测或评价。

与工作学习经历评价和加权申请表相比，经历调查表具有结构清晰、可控性好的特点。因而，目前在国外得到了较为广泛的应用。这种方法可以借鉴调查问卷的编制技术和方法，将资历评价技术与心理测量技术有机地结合起来，从而进一步提高资历评价的目的性、科学性和准确性。

从经历调查表的发展趋势来看，研究者们不仅在探寻更为合理的结构，用更精确的方法编制测验题与评分标准，而且在提高测验的区分性、防伪性等问题上正在进行更深入的研究。随着研究工作的突破和进展，经历调查表的应用前景必将进一步扩大。

三、领导人才资历评价的基本内容与指标体系

领导人才资历评价的具体内容与指标体系应根据领导人才的职位需要具体而定。但领导人才的资历评价应包括下列基本内容与指标：

（一）政治背景

领导人才的政治背景反映的是他将可能代表谁的利益行使职权。政治背景主要通过党派和社会团体关系体现出来。一个党派和社会团体的纲领通常都明白无误地表达了该党派和团体的政治立场与基本观点。一个人参加过何种党派和社会团体，不仅反映了其个人的政治倾向和社会活动的兴趣，也从整体和宏观上反映了其思想认识水平和世界观水平。

（二）工作经历

这是资历评价的重要内容。从工作经历可以反映一个人的工作能力变化轨迹，推断一个人的能力结构与大致能力水平。

在中国，由于公务员和党务工作者过去个人自主择岗的可能性很小，其

工作调动和职务安排通常由组织上决定，因此工作经历一般并不能反映本人的职业兴趣，或者说只能在很小程度上反映职业兴趣。但其工作经历变化在一定程度上可以反映组织上对他能力倾向和能力水平的评价情况。

通过工作经历，主要可以分析一个人的如下情况：

1. 职务升迁情况

职务升迁首先体现了过去组织上对一个人的信任情况、能力与工作业绩的表现情况。虽然就个体而言职务与能力、业绩之间不一定是线性关系，但对组织信任情况的反映是比较真实的。

职务升迁情况分析要结合职务变化的时间和组织背景。一个人在某个特定历史时期和特定组织背景下的境遇，也能从一定的角度折射出其本人的政治立场、个性与社会关系特点。

2. 工作经验的累积情况

在社会政治生活正常的情况下，一个人的工作经历无论是自己选择的结果，还是组织安排的结果，都能在一定程度上客观地反映其工作经验的情况，包括工作经验的性质、工作经验的多寡。例如，如果一个人的经历复杂，则提示其社会阅历丰富，具有多方面的工作经验和才能。如果一个人曾长期从事某一方面的工作，则提示其可能是这一方面的专家。

3. 能力结构与水平情况

从一个人所从事过的社会工作及担当过的职务，可以推测其能力结构特点与能力水平情况。例如，一个人从事纪检监察工作的经历可能提示其具有相当的政策与法纪水平，组织原则性强；从事党务工作的经历提示他不仅原则性强，而且善于协调处理各种矛盾、善于做沟通与思想政治工作。如果一个人在从事某一方面工作时职务一直在升迁中，则提示其工作能力水平一直在进步和提高。

（三）学历教育

学历教育反映的是一个人的基础学识水平和知识结构。从整体上看，学历与人的学识之间是呈正相关的，所学的专业也能反映出其主要知识结构特点。需要注意的是，获得相关学位的时间和学校也是重要的资历评价信息。

对于那些发展迅速的学科，时间因素尤其显得重要。例如，同样是计算机专业毕业，20世纪60年代的知识内涵与20世纪90年代的知识内涵是大不相同的。同样，学校背景也是值得考虑的因素。名牌大学的毕业生与普通院校的毕业生在评分权重上也是不同的。虽然对个体而言这样做不尽公平，但从宏观和整体上说，这样做还是有其统计学依据的。

（四）经济收入与经济状况

经济收入作为一个基础经济状况指标，结合个人的现实财富表现情况，在某些情况下、在一定程度上可以作为廉政情况的参考指标。不过要注意的是，这一指标只具有异常情况的提示意义而不具有正常情况的证实意义。明确地说，如果一个人表面经济状况正常，从逻辑上还不足以证实其廉洁性。从国内已有的一些案例情况来看，有些腐败分子表面上也是粗衣布鞋，甚至不乏像欧也尼·葛朗台和高老头式的"节俭"得已达心理病态的吝啬鬼。但如果一个人的经济状况与个人和家庭的收入情况明确不符，则提示其经济来源的正当性与合法性方面值得注意。

（五）国内外进修培训

这一内容指标反映的是应试者的继续学习与接受再教育的情况。它可以提示应试者的知识与观念更新情况。但这一指标只具有评价基准意义而不具有逻辑上的充分保证意义。在制定评价权重时应当结合进修培训的时间和培训效果评估情况来进行恰当的估计。例如，中央党校的脱产集中培训与地方市级党校的培训经历的评分权重就应该有很大的不同。

（六）奖励惩处

这是一个人政治表现与工作表现中较有说服力的项目内容。奖励的原因与颁奖单位的级别是有意义的评估内容。国家级的奖励与本单位的奖励在意义上不可同日而语。惩处的原因也是重要的评价内容。领导责任与直接责任的意义也不尽相同。奖励与惩处的意义差别还在于二者评价的逻辑充分性不同。惩处的评价可靠性（在某些情况下甚至远远）大于奖励。

（七）职业技能

评价对象的各种职业技能记录也是有意义的评价内容。要注意的是职业技能的种类与岗位工作要求之间的关系。关系密切程度与评价加分的权重程度应该相一致。

（八）历史表现

资历评价应注意对评价对象的历史表现进行分析。在前述工作经历分析中，应特别注意对评价对象在一些重要历史事件或历史时期中的表现，结合当时的历史背景进行性质分析，区分不同情况给出不同的评分标准。

（九）家庭成员

分析评价对象的家庭成员的意义在于：根据有关法律、法规和行政管理规定，审查评价对象在拟任岗位时是否有受到禁止或需要回避的情况。分析评价对象的家庭成员的意义还在于：判断其家庭成员对其未来工作的可能影响。例如，其家庭近亲属成员中如果有受到过国家法律制裁的情况，则可能会对其公正地行使手中权力造成负面影响。

（十）主要社会关系

主要社会关系的分析意义与家庭成员的分析意义相近似，但在分数权重上较家庭成员轻。因为主要社会关系的影响力不及其家庭成员那样明显和直接。

（十一）宗教信仰

在一般情况下，宗教信仰不是领导人才选拔结果的决定因素，因为宪法规定了公民有宗教信仰的自由。但在一些特殊情形或特殊岗位的情况下，宗教信仰的分数权重应该加大，如选拔少数民族干部或民族地区干部时。

三、资历评价技术在领导人才测评中的应用

一个人以往的行为往往是预测其未来行为的重要指标。尤其是选拔领导干部，过去的工作经历将会更直观地反映其在某个领域、某个层面上应该具备的经验和才能，进而预测其在未来岗位上的适应程度。因此，资历评价技术对于提高领导人才选拔具有重要的意义和作用。资历评价技术综合了科学测量和经验评估两种方法的优点，从而为考察领导人才的各种"社会关系"提供了一种新的视角和工具。资历评价技术进一步拓宽了考察和选拔领导人才的范围，为领导人才提供了更多脱颖而出的机会。传统的资格审查主要是考察应试者的学历、资历或履历，而这些信息仅是对应试者过去学习和工作经历的描述，并不能详细、具体地反映出应试者在过去的成长和发展过程中丰富多彩的具体事件，同时也无法对不同应试者的不同经历进行等值比较，而资历评价技术恰恰能够弥补以上不足。

（一）领导人才资历评价项目的筛选和权重确定

资历评价项目的筛选依据是职位分析及岗位描述。在确定资历评价的项目和权重前必须对被评价对象的拟任岗位进行认真、细致的分析，以系统、全面地确定该工作岗位对人员各方面能力和素质（如学历、技能、资历、品质等）的基本要求。

权重确定依据是项目内容与未来岗位要求及工作绩效的相关程度。相关越高，权重越大，反之则越小。资历评价项目的筛选应该根据目标工作职位的不同而有所不同。在确定资历评价的项目内容时，还要注意评价项目的可

验证性。不可检验的项目或可检验程度低的项目对于资历评价来说，其效用将大打折扣，如"个人兴趣爱好"等。

（二）设计领导人才加权履历表和经历调查表

资历评价的主要工具是加权履历表。履历表的项目数量需要根据拟任岗位的特点和评价需要而定。应用与领导人才选拔的加权履历表通常包括个人基本情况、个人经历和个人历史和政治表现情况等。

个人基本情况主要包括：姓名、性别、出生年月、民族、教育程度、政治面貌、宗教信仰、主要家庭成员、主要社会关系、婚姻与本人健康情况，等等。个人经历是履历表的重点，必须具体、明确。例如：个人经历从何时填起，时间间隔如何确定，经历中是否应包括任职情况的说明，证明人姓名、职业和联系方式等。个人历史和政治表现情况主要包括何时、何地、何故受过何种奖励或处分，个人在历次政治运动中的表现，个人有无重大历史问题，目前的工作与表现情况，有无需要特别说明的问题等。

加权经历调查表除了包括履历表中通常所包括的项目内容之外，还包括对一些特殊项目的调查问题，要求应试者以书面或口头形式给出明确的答复。根据应试者的答题情况和评价标准给出评价意见。经历调查表吸收了加权履历表和心理学问卷二者的编制形式。

从形式上来看，经历调查表与心理学问卷有相似之处，都是要求应试者按规定的形式回答一些特定的问题。但二者的本质区别在于：心理学问卷的测查内容主要是人的心理现象及其本质规律，这些现象和规律遵从的不是决定论的简单规律而是或然的统计规律，其编制和使用的过程要求严格遵守心理测量学的技术原理和心理统计学的规范，心理学问卷有严密的内在结构、标准化的常模和解释方法，有严格的信效度检验要求，主试者须有相应的资格。而经历调查表在编制技术和使用规范上则比心理学问卷宽松得多、灵活得多。经历调查表可以只就评价者关心的问题或是与拟任职位有关的问题进行调查。所涉及的问题大多是客观的情况或事实，而较少涉及或不涉及应试者的主观感觉与心理活动过程。因而，用经历调查表得到的结果往往比较准确和客观。

经历调查表可以由若干个或数十个问题组成，每个问题的不同答案的价值或分数权重不同。经历调查表也可以像心理问卷那样有内部结构，即调查结果（总分）是由不同的分项目调查结果组成的。评价者既可以根据总分对评价者的整体情况做出评估，也可以根据分项目的调查结果深入地分析总分的内在结构，详细、具体地分析应试者的素质结构情况。

（三）开发资历数据综合分析系统

根据领导职位说明书和领导资历评价的核心内容，对相应的加权履历表和经历调查表按照项目权重和算法，开发相应的领导资历数据综合分析系统。只要设计好相应的表格，并给出各种项目的权重分值和算法，计算机就可以根据提供的应试者信息自动给出结构化、数字化的评估结果。因此，资历评价技术可以很方便地利用互联网平台来使用。用人主管部门可以将相关的招聘信息和设计好的资历评价表一起挂到相关的网站或网页上，应试者可直接在网上填写表格，通过电子媒体发回主管单位。这样可以极大地提高招聘和资历评价的工作效率。

附录：领导人才资历评价表格样例

资历评价表格是领导人才资历评价的主要载体和形式。下面是某中央企业领导人员选拔的资历评价信息采集表，以供参考。

某中央企业公开选拔所属企业总经理人选的资历评价信息采集表

一、基本信息

考生姓名					
报考职位					
性　　别		民　　族		出生年月	

续表

国　　籍		政治面貌	_____（中共党员／民主党派／无党派人士／其他）
籍　　贯		出 生 地	
目前居住地			
第一外语	语种：_____掌握程度：_____（精通／熟练／一般）		
第二外语	语种：_____掌握程度：_____（精通／熟练／一般）		

二、教育经历（按照学历从高到低填写大专及以上受教育情况）

最高学历
起止年月：____年__月—____年__月 院校：_____ 院系／专业：_____ 完成学业情况：_____（毕业／结业／肄业） 学历：_____（大专／大学本科／研究生） 学位：_____（学士／硕士／博士） 学制：_____（全日制／在职）
次高学历
起止年月：____年__月—____年__月 院校：_____ 院系／专业：_____ 完成学业情况：_____（毕业／结业／肄业） 学历：_____（大专／大学本科／研究生） 学位：_____（学士／硕士／博士） 学制：_____（全日制／在职）
其他教育经历
起止年月：____年__月—____年__月 院校：_____ 院系／专业：_____ 完成学业情况：_____（毕业／结业／肄业） 学历：_____（大专／大学本科／研究生） 学位：_____（学士／硕士／博士） 学制：_____（全日制／在职）

续表

其他教育经历
起止年月：＿＿＿年＿月—＿＿＿年＿月 院校：＿＿＿＿＿＿＿＿＿＿＿＿ 院系／专业：＿＿＿＿＿＿＿＿＿＿ 完成学业情况：＿＿＿＿＿＿（毕业／结业／肄业） 学历：＿＿＿＿＿＿（大专／大学本科／研究生） 学位：＿＿＿＿＿＿（学士／硕士／博士） 学制：＿＿＿＿＿＿（全日制／在职）

三、培训经历

起止年月	培训专业／内容	培训机构	成绩／证书

四、专业技术职务及职（执）业资格

专业技术职务	取得时间

职（执）业资格	发证机构	取得时间

五、工作经历（按照时间顺序填写）

起止年月	工作单位	部门及职务	证明人

六、工作经历业绩详细信息

（一）2012 年以来工作岗位详细情况（自 2012 年以来调整过的工作单位及岗位，每次调整都应填写本表，时间按由近及远排列）

基本情况之一		
起止年月：＿＿＿年＿＿月至今		
所在单位名称：		
部门及职务：		
所在单位情况	所属行业：	
	所在企业的主营业务：	
	所在企业的资产总额：	
	所在企业的员工人数：	
	单位简要介绍：	
具体工作情况	主管／分管工作	
	直接下属人数：＿＿＿＿＿＿＿＿	

基本情况之二	
起止年月：____年__月—____年__月	
所在单位名称：	
部门及职务：	
所在单位情况	所属行业：
	所在企业的主营业务：
	所在企业的资产总额：
	所在企业的员工人数：
	单位简要介绍：
具体工作情况	主管 / 分管工作
	直接下属人数：_____

基本情况之三	
起止年月：____年__月—____年__月	
所在单位名称：	
部门及职务：	
所在单位情况	所属行业：
	所在企业的主营业务：
	所在企业的资产总额：
	所在企业的员工人数：
	单位简要介绍：
具体工作情况	主管 / 分管工作
	直接下属人数：_____

2012 年以来业绩情况	
履职业绩 （限 500 字以内）	
关键业绩 （参与重大项目重 要任务、解决复杂 问题、应对突发事 件、重要工作创新 等，限 600 字以内）	
基础建设业绩 （制度建设、人员 管理、团队建设 等，限 200 字以内）	

（二）与报考职位相关的其他工作经历业绩详细情况（最多选取 2012 年以前两个岗位的经历业绩）

相关经历基本情况之一

起止年月：____年__月—____年__月	
所在单位名称：	
部门及职务：	
所在单位情况	所属行业：
	所在企业的主营业务：
	所在企业的资产总额：
	所在企业的员工人数：
	单位简要介绍：
具体工作情况	主管／分管工作
	直接下属人数：_____

相关经历基本情况之二

起止年月：____年__月—____年__月	
所在单位名称：	
部门及职务：	
所在单位情况	所属行业：
	所在企业的主营业务：
	所在企业的资产总额：
	所在企业的员工人数：
	单位简要介绍：
具体工作情况	主管／分管工作
	直接下属人数：_____

相关经历之一业绩情况	
履职业绩 （限200字以内）	
关键业绩 （参与重大项目重要任务、解决复杂问题、应对突发事件、重要工作创新等，限200字以内）	
基础建设业绩 （制度建设、人员管理、团队建设等，限200字以内）	

相关经历之二业绩情况	
履职业绩 （限200字以内）	
关键业绩（参与重大项目重要任务、解决复杂问题、应对突发事件、重要工作创新等，限200字以内）	
基础建设业绩 （制度建设、人员管理、团队建设等，限200字以内）	

七、奖惩情况（不超过 250 字）

本人获得奖励情况，请注明获奖项目内容、等级、排名等。

八、主要社会职务及社会工作（不超过 250 字）

九、自我评价（不超过 250 字）

填表日期：____年__月__日

第十章

领导心理测评

　　在领导选任中，心理测评具有十分重要的作用。所谓心理测评，即根据有关心理学、测量学的基本理论和基本原理，通过设置测试情境，采取一定的操作程序和操作方法，运用相应的技术工具或技术手段，对人的心理行为反应予以数量化的判断和评价。广义的心理测评包括笔试、面试、情境模拟以及性向测验等。狭义的心理测评，是在控制的情境下，向应试者或被试提供一组标准化的刺激，以所引起的反应作为代表行为的样本，从而对个人的行为予以数量化的评价。鉴于本书中笔试、面试等已单独作为章节列出。因此，本章中将对领导选任中常用的心理测评方法技术进行简要介绍。

一、心理测评的主要特点

　　心理测评是不同于其他形式的测评方法，有其独有的特点。

（一）心理测评的间接性

　　心理测评并不能直接对人的心理进行测验，只能借助于测验工具来测验人的外显行为。也就是说，人们只能通过一个人对测验题目的反应情况来推断其心理特质。所谓心理特质主要指一个人所特有的、稳定的、可辨别的基本心理特征。特质只能从人的外显行为反应中推论出来，所以，心理素质测评只能是一种间接的测评。判断分析人的心理活动及其规律，必须借助于人的外在行为反应，这是一种因果关系，由"果"推"因"，这是人才心理测评的基本特性之一。

（二）心理测评是对一组行为样本的测验

即心理测评所测量的行为组是具有代表性的一组行为。由于个体的行为表现受存在环境、文化背景以及时间、空间的影响与制约。如果测评的行为抽样不同，测评的结果必然不同。

（三）心理测评是客观化的测验

测评的客观性实质就是测评的标准化问题。心理素质测评是通过对客观存在的行为反应的测量来对主观心理反应进行判断分析，因此，需要对影响外显行为的各种因素进行严格控制。首先，测验的题目、时间、场所等均要进行标准化的设计，确保测验的刺激物是客观的。其次，评分的原则和手续是标准化的，以保证行为反应量化评定的客观性。最后，分数的转换与解释经过了标准化。制定测验常模，并对测验进行信度和效度检验，以保证结果推论的客观准确性。

二、心理测评的种类和功能

心理测评方法技术常常体现为各种类型的心理测验。按测评功能划分，可以分为智力测验、成就测验、人格测验以及职业测验；按测评对象划分，可以分为个别测评和团体测评；按测评方式划分，可分为纸笔测评、操作测评、口头测评和人机对话测评；按测评目的划分，可分为描述性测评、诊断性测评和预示性测评等；按测评性质划分，可分为构造性测评和投射性测评；按测评应用领域划分，可以分为教育测评、临床测评和人才选拔性测评等。

和其他领导选拔测评工具方法一样，心理测评具有诊断、预测、选拔与开发等功能。

心理测评能够有效地对人的心理素质发展及其差异进行诊断，以发现在素质构成及表现特征上所存在的主要问题和不足。尤其是对智力发展、个性品质、情绪反应、社会适应能力等进行心理诊断，能够客观准确地提供被测者个人心理素质方面的有效信息。通过心理诊断，为被测者提出进一步优化与完善心理品质的意见与建议，提高自我认知能力，增进其心理健康发展水平。

从心理测评的角度来说，对人的能力素质进行测评，可以把能力分为实际能力素质和潜在能力素质。实际能力素质代表个人已有的知识、经验和技能。潜在能力素质是个人将来可能达到的能力水平。不论是现有的实际能力素质，还是潜在的能力素质，都对个人的心理发展及其能力表现具有重要影响。通过心理测评所揭示的个人能力素质发展特征，尤其是一些特殊的能力素质发展特征，可以有效地预测个人未来素质发展的基本趋向。比如测量个人在体育、美术、音乐、绘画以及空间知觉、知觉速度等方面的表现特性，往往能够预测未来在体育、艺术、飞行员选拔训练等方面的潜在能力。

随着现代科学技术的快速发展，心理测评的方法技术水平也在逐步提高，尤其是人才素质测评目前已成为现代人力资源管理的一种有效途径与方法。人才素质测评可以测查人才能力素质的表现状况，帮助用人单位了解其特长、兴趣和爱好。掌握了这些信息，一方面可以为人事部门选拔、使用优秀人才提供指导帮助，为领导进行人事决策提供科学依据；另一方面可以做到人才的优化组合，实现人职匹配。因为每个人的能力素质和个性特征都不相同，在一个组织机构当中，要完成工作目标，实现组织发展，不仅需要每个人都能够素质优良，更需要人才能力素质与工作目标、工作职位要求相符合，以发挥组织和个人的最大效力。

三、心理测评工具的编制

心理测评工具的编制主要包括测评目的的确定和分析、测评内容和测评计划的确定、测评题目的筛选、测评的标准化、对测评的技术分析鉴定、测评指导书的编写等。

（一）测评目的的确定

目的确定是编制测评的前提。在整个测评工具的编制过程当中，都需要以测评目的作为决策的依据。确定测评目的，必须明确测评的对象和测验的用途。只有明确测评所要施测的对象，并在测评工具编制当中以这一对象的代表性样本作为预测的对象，才能保证测评的效度。对领导决策能力的测试，其适用对象仅为直接从事领导岗位的人才，而不是其他人员。在确定了测评对象之后，还要确定测评的用途。测评的用途是多方面的，施测的对象不同，测验的用途也就不同。测验既可能用于选拔人才，也可能用于教育培训。因此，在测评工具编制当中，如果测评目的是了解受测者对知识技能的掌握情况，就需要对所要测量的知识技能进行分析。如果是预测行为表现，就需要对所预测的行为进行分析。

（二）测评性质的确定

确定测评的性质，就是要明确测评属于常模参照性的测验还是标准参照性的测评。常模参照性测评以常模作为评价的参照系，测验结果反映了受测者在全体受测者中的相对位置。比如，智力测验就是典型的常模参照性测评。编制常模参照测评，需要收集全体受测者一般水平的常模资料，否则将无法解释测验的结果。标准参照测评不是以与他人的比较来对受测者进行评价，而是以一种绝对的标准来对受测者进行评价。标准参照测评只是检验受测者所能达到的知识水平和技能水平，是一种绝对化的测验。确定标准参照测验的合格线，对保证测验的信度与效度至关重要。

（三）确定测评内容

测评目的和性质确定之后，需要根据测评的目的来确定测评的内容。当测评被应用于对某些行为进行描述和预测时，需要对这些目标行为进行职位分析或行为分析。对领导人才选拔测评，尤其要注意进行领导职位分析。首先要分析人才在什么部门，具体从事什么管理活动，承担什么职责；其次要分析确定完成这些活动或履行相应职责具备什么能力素质；最后要在此基础上，再确定测试的具体内容所应包括的思维、语言、判断、决策等内容。用于人才选拔测试，都要进行职位分析来确定测试或测评的具体内容。

（四）编制测评计划

编制计划是对测评的总体设计。编制计划需要明确测评的内容结构和项目形式，不同的测评要有不同的编制计划。在编制的测评计划中，将列出测验各部分内容所占的比重以及对各种能力要素的考察在整个测验中所占的比重。通常，测评计划是一个有关能力、知识的双向细目表。

（五）选择测评项目

在选择测评项目时，首先要考虑项目分析所提供的资料，还要考虑测评的目的、性质与功能。最好的项目，就是只测定所需要的特征，区分度比较高的项目。特别是对于领导人才选拔测评来讲，这是一条基本的标准。选择项目的另一个指标就是难度。难度要根据测试的目的来确定，符合选拔测试的基本要求。判断测试项目的优劣，必须将初步筛选出的项目组合成一种或几种预备测验，经过预测来保留最好的项目，并对预测所保留下来的项目进行适当修改完善。同时，在测验付诸实际使用之前，还需要对测验进行技术分析和鉴定，主要是收集有关测验信度与效度的资料，对测验进行心理学分析。这是一个连续不断重复进行的过程。

（六）测评的标准化和编写测评指导书

所谓标准化的过程，就是控制与测验目的无关的因素对测验分数的影响。标准化过程包括统一内容、统一施测、统一指导语、统一时限、统一评分标准、统一分数解释等。为使测验能够正确使用，还要编写测评指导书，对测的目的和用途、测评的实施、标准答案和评价办法、常模资料以及信度效度资料等进行规范化的要求和说明。

四、心理测评的主要方法技术

心理测评工具方法比较多，在领导选任实践中常用的有以下几种：

（一）智力测评

智力是一种综合认知能力，是指人们认识、理解客观世界并运用知识、经验等解决问题的能力，主要包括观察能力、记忆能力、想象能力、思维能力等。智力测评就是运用相关的智力测验对智力水平进行科学测试与评价。智力测评被广泛应用于预测学业成就、临床诊断、职业选拔和人才评价等方面。常用于领导选拔的智力测验主要有瑞文高级推理测验和领导情商测验。

1. 瑞文高级推理测验

瑞文高级推理测验由英国心理学家约翰·瑞文编制，经 1947 年和 1962 年两次修订而成，是最高水平的瑞文推理测验。瑞文推理测验的编制在理论上依据英国心理学家斯皮尔曼的智力二因素理论。该理论认为智力主要由两个因素组成，其一是智力的一般因素，又称"g"因素，它可以渗透于所有的智力活动中，每个人都具有这种能力，但在水平上存在差异；其二是智力的特殊因素，可用"s"表示，这种因素种类多，与特定的任务高度相关。瑞文将智力"g"因素划分为两种相互独立的能力，一种称再生性能力，表明个体经过教育之后达到的水平；另一种称推断性能力，表明个体不受教育影响的理性判断能力。

瑞文认为，词汇测验是对再生性能力的最有效测量，而非语言的图形推理测验则是对推断性能力的最佳测量，这就是瑞文推理测验的由来。大量心理测验研究表明，瑞文推理测验是测量"g"因素的最佳工具，尤其与受测者的问题解决、清晰知觉和思维以及发现和利用自己所需信息、有效适应社会生活的能力有关。

瑞文测验适用的年龄范围广，测验对象不受文化、种族和语言的限制。

测验既可以个别进行，也可团体施测，使用方便，省时省力，结果直观简单。瑞文推理测验可以用于智能诊断和人才的选拔和培养。用该测验可以进行各类比较性研究，特别有利于跨文化研究，以及常人和生理缺陷者之间的比较研究。

2. 领导情商测评

情绪智力指的是我们识别自己和他人情绪、激励我们进步，并且进行情绪控制、左右人际关系的能力。情绪智力与学术能力和以智商为衡量标准的认知能力不同，却可以弥补学术能力与认知能力的缺陷。情绪智力高的人有着更清晰的自我认知、更高的情绪管理能力以及更和谐的人际关系。沙洛维和梅耶（Salovey & Mayer）、巴昂（R.Bar-On）和戈尔曼（Goleman）是研究情绪智力比较有代表性的学者。戈尔曼（Goleman）通过从对大量世界级企业的分析总结，认为情绪智力是对于领导者成功至关重要。领导者能够使用一定的流程，长期地评估、开发和维持自己的情绪智力，鼓舞和激励下属，在团队和组织中培育引起共鸣的领导力，并利用这种共鸣、和谐，提高组织绩效。

情商是测定情绪智力水平高低的一种指标。戈尔曼认为情绪智力包括 5 个维度：①自我意识（情绪意识、正确的自我评价、自信）；②自律（自我控制、诚信、责任意识、适应能力、变革能力）；③激励水平（内在动力、承诺、主动性、乐观性）；④同理心（理解别人、提高别人、服务意识、处理多样性、政治意识）；⑤社交能力（影响、沟通、冲突管理、激励技能、变革催化、建立关系、协作与合作、团队能力）。

为更好地了解一个人的情绪智力水平，研究者编制了与自己理论相应的情绪智力测验。沙洛维和梅耶编制了多因素情绪智力量表（MEIS）；戈尔曼等人编制了情绪能力调查表（ECI）；巴昂编制了巴昂情商量表（EQ-i），目前已被广泛地应用于心理咨询与治疗、人力资源、人格、学习能力等领域。

（1）多因素情绪智力量表。由梅耶等人于 1998 年编制，该量表是能力测验而非自陈测验。它要求做测验者完成一系列任务，以测量被试觉察情绪、鉴别情绪、理解情绪和控制情绪的能力。这个量表的结构效度、聚合效度和区分效度都很高。但没有预测效度的报告。后来编制者对该量表做了修订，于 1999 年在智力杂志上发表了多因素情绪智力量表的修订版。

（2）情绪能力调查。表共有 110 个题目，可以测量情绪智力五个领域的 20 种能力，准确地告诉人们应该提高哪种能力才能实现自己事业上的目标。情绪能力调查表分自评问卷和他评问卷两种，因此可以使用 360 度的方式进行测验。可以同时通过被试及其上司、属下和同事来了解其 EQ 状况，得出来的结果就比较客观而准确。

（3）巴昂情商量表。由 133 个题目组成，内容结构与前述巴昂的情绪智力结构模型相一致，五大维度为五个成分量表，十五个因素为十五个分量表，此外还包括四个效度指标：积极印象成分、消极印象成分、遗漏等级成分和非一致性指标。量表采用自陈法，以五点记分。最后可得出四个效度量表分数、一个总 EQ 分数、五个成分量表分数和十五个分量表分数。EQ-i 将原始分数转化为标准分数，其 EQ 分平均数为 100，标准差为 15（与 IQ 分数相类似）。EQ-i 具有较高的内部一致性信度和重测信度，此外，该量表还具有较高的因数效度该量表具有较高的聚合效度和区分效度。

（二）人格测评

人格测评也叫人格测验。人格是个体与其环境交互作用的过程中所形成的一种独特的身心组织，包括需要、兴趣、价值观念、气质、性格、能力及社会态度诸方面。人格对个人具有重要影响力。一个成功的人才，必须具有健全成熟的人格特征。选拔人才，需要进行人格测验。人格测评主要包括客观性纸笔测评和投射测评。客观性纸笔测评主要有自陈量表和评定量表。自陈量表是通过被测试者对大量正误题或多项选择题所做的回答来评分的。这些项目可以组成不同的量表，用于测量人格的不同方面。常用的自陈量表有卡特尔 16 种人格因素测验、明尼苏达多相人格测验、艾森克人格问卷、加州心理问卷等。

评定量表通常由一组描述个体特征或特质的词或句子组成，要求由他人通过观察，对个人的某种行为或特质做出评价。国外常用的有莱氏品质评定量表、简易精神病评定量表等。

投射测验是一种特殊的人格测验技术。通常是主试提供一些意义含糊的刺激，要求被测试者对其进行解释。在解释的同时，可以把自己人格的一些因素"投射"且表现出来。投射测验为临床心理学家提供了对行为做临床和整体性解释的有力工具。常用的投射测验有罗夏墨迹测验和主题统觉测验。

1. 卡特尔 16 种人格因素测评量表

卡特尔 16 种人格因素测评量表是美国伊利诺伊州立大学心理学家卡特尔教授于 1949 年编制完成的，也是目前国内应用最广泛的人格测评量表。1981 年，辽宁教科所李绍依、第四军医大学刘树发修订了卡特尔 16 种人格因素测验问卷。1988 年，戴忠恒、祝蓓里主持制定了中国常模。卡特尔 16 种人格因素测验问卷共包含 187 个题目，通过因素分析法得出 16 种个性因素。主要包括乐群性、聪慧性、稳定性、持强性、兴奋性、有恒性、敢为性、敏感性、怀疑性、幻想性、世故性、忧虑性、实验性、独立性、自律性、紧张性 16 项内容。可对人格多个侧面的表现特征进行测评。此外，卡特尔 16 种人格因素测评量表还可依据有关量表的标准分推算出 4 种二元个性因素，包括适应—焦虑、内向—外向、感情用事—安详机警、懦弱—果断类型。还可依据量表的标准分推算出四个综合素质特征，包括心理健康因素、专业成就因素、创造能力因素、新的环境中的成长能力因素，测量评价结果适用于心理治疗、就业指导和人才选拔。

2. 明尼苏达多相人格调查表

明尼苏达多相人格调查表是美国明尼苏达大学哈萨威和麦金利教授所编制的，是采用经验标准法编制自陈量表的典范，即先以大量题目施测效标组（临床上已诊断为心理异常者）与控制组（正常健康者），然后比较两组被试对每题的反应，选择两组反应明显不同的题目构成问卷。"多相"即多维，指该量表的内容广泛，并偏重人格方面的特征。当今，明尼苏达多相人格调查表已被翻译成多种文字，广泛地使用于人格鉴定、心理疾病的诊断、治疗、心理咨询以及人类学、心理学、医学的研究工作。有关明尼苏达多相人格调查表的论文及书籍达 8000 多篇（册），而根据明尼苏达多相人格调查表引申的问卷版本达 100 余种。20 世纪 80 年代，中国科学院心理研究所教授宋维真曾将明尼苏达多相人格调查表引入我国，称为明尼苏达多相人格量表。最后定型的明尼苏达多相人格调查表共包括 566 个自我报告的题目，实际上为 550 个，其中 16 个为重复题目。明尼苏达多相人格调查表适用于 16 岁以上的成人，测试时间为 45 分钟左右。

3. 艾森克人格问卷

英国 H. J. Eysenck 于 1952 年编制了 Maudsty 医学问卷，共 40 个项目。艾森克人格问卷包括 4 个量表，即内外向性量表（E 量表）、情绪稳定性量表（N 量表）、病态人格量表（P 量表）、效度量表（L 量表）。艾森克人格问卷量表主要用于正常人的人格测量，临床上也用于精神病理方面的研究与测量，N 量表对临床具有一定的意义，高 N 分代表情绪的不稳定，有神经症倾向的人 N 分一般都高。P 量表主要用于测查有精神病倾向的人。如果 P 分很高，则应考虑有精神病倾向，应做其他量表的检查，帮助筛选和诊断。中国全国常模取样是 1981—1982 年在六大区域 13 个省市共测验了正常人 21517 名、儿童 3901 名。成人包括各种教育程度和职业，并注意了居住城市和农村以及性别的比例。

4. 大五人格测验

20 世纪 80 年代以来，一些心理学家从许多不同的人格研究中提出了五个人格维度的观点。Goldberg 把这五个维度具体概括为：神经质性、外向性、求新性、随和性和尽责性，称为大五人格。

神经质性维度依据人们情绪的稳定性和调节情况而将其置于一个连续统一体的某处。那些经常感到忧伤、情绪容易波动的人在神经质性的测量上会得高分。

外向型的一端是极端外向，另一端为极端内向。外向者非常爱好交际，通常还表现为精力充沛、乐观、友好和自信。内向者的这些表现则不突出，但这并不等于说他们就是自我中心的和缺乏精力的。

求新性是指对经验开放、探求态度，而不仅仅是一种人际意义上的开放。构成这一维度的特征包括活跃的想象力、对新观念的自发接受、发散性思维等方面。

在随和性维度上得分高的人是乐于助人的、可信赖的和富有同情心的，而那些得分低的人多抱有敌意、为人多疑。

尽责性是指我们如何控制自己、如何自律。居于该维度高端的人做事有条理、有计划，并能持之以恒。居于低端的人马虎大意、容易见异思迁。

（三）领导行为测量

心理学对领导行为特征的关注与研究，其主要目的在于确定领导的特性和影响领导行为有效性的因素。20世纪40年代后期，一些心理学家开始对人才的领导行为模式进行研究，他们还觉察到领导管理绩效与管理情境之间的相互关系，由此产生了领导权变理论。在领导行为测评中，比较常见的有凯特的领导能力测量、余克－尼摩洛夫提出的管理者最佳行为模式测量、布莱克领导方格理论、迈尔斯·布里格斯性格类型指示器以及菲德勒的领导方式测量等。

1.凯特的领导能力测量

凯特最早提出了人才具有的三项领导能力。这三项能力，一是技术能力。即人才进行特定活动的方法、程序、过程和技术等知识技能，以及运用有关的工具和设备的能力。二是人际关系能力。包括有关人类行为和人际交往的知识，设身处地地了解他人主观感受、态度和动机的能力，明确有效地与他人进行沟通以及建立有效合作关系的能力。三是观念性能力。主要包括一般性的分析与逻辑思考能力，善于形成观念及将模糊复杂的关系概念化的能力，在构思和善于解决问题时的创新能力，分析事件、捕捉信息、预测变化和确认机遇及潜在问题的能力。凯特认为，这三项能力的相对重要性及其组合模式，随管理环境的不同而有所改变。一般来说，各阶层的管理者都需要人际沟通能力，但对中、低层管理者来讲，这方面的能力更为重要。而对于高层人才来讲，观念性能力最为重要。因为高级人才的主要职责是制定战略决策，这种决策品质依赖观念性能力。

2. 迈尔斯·布里格斯性格类型指示器

迈尔斯·布里格斯性格类型指示器是以瑞士心理学家荣格的心理类型理论为基础，经由迈尔斯·布里格斯母女58年的研究发展起来的一种领导风格理论。迈尔斯·布里格斯性格类型指示器的模型建立在医学和心理学的基础上。其信度和效度业已经过美国教育测试服务中心ETS的认证，有效率达到95%以上。迈尔斯·布里格斯性格类型指示器用四个独立的等级来衡量人们的偏好。即外向型（E）—内向型（I）、感官型（S）—直觉型（N）、思考型（T）—感受型（F）、判断型（J）—感知型（P）。上述四种类型共组合为16种性格类型，即ISTJ、ISFJ、INFJ、INTJ、ISTP、ISFP、INFP、INTP、ESTP、ESFP、ENFP、ENTP、ESTJ、ESFJ、ENFJ、ENTJ。每种类型都对应有相应的行为特征和价值取向，为个人辅导和自我发展提供了有益的参考数据。迈尔斯·布里格斯性格类型指示器主要应用于测量并描述人们在资讯获取、决策制定、生活取向等方面的偏好，了解受测者的个人特点、潜在特质、待人处事风格、职业适应性以及发展前景等。目前已广泛应用于人们的自身成长与发展、职业的发展与开拓、人际关系评估、组织发展、团队建设、领导力培训、教育和教学大纲的制定等。由于迈尔斯·布里格斯性格类型指示器信息量大，信度与效度好，从而成为世界上应用范围最广泛的识别个体差异的测评工具之一。在美国每年有300万人以上参加迈尔斯·布里格斯性格类型指示器工具使用的培训。在世界500强企业中有80%以上的高层管理者、高级人事主管使用这一测试工具。

（四）职业倾向测评

职业测评在职业决策中的应用大体可分为三个方面，即为人择事的职业指导、为事择人的职业选拔和安置及各种任职资格的授予。能否有效地测量出个人的特质以做到人尽其才、才尽其用，是检验职业测评效度的根本。职业兴趣测评工具主要有：霍兰德的职业类型测验、斯特朗－坎贝尔兴趣问卷、杰克逊职业兴趣调查表等。

1. 霍兰德的职业类型测验

1959 年，霍兰德提出了以人格类型学说为背景的职业指导理论。该理论的核心思想是，个体趋向于最能满足个人需要、实现职业满意的职业环境。理想的职业选择是使人格类型与职业类型相互协调和匹配。霍兰德认为，在美国社会里存在着 6 种人格类型和 6 种与之相对应的环境模式。即现实型、研究型、艺术型、社会型、企业型和常规型。比如，现实型特征的人遵守规则、实际、安定、喜欢需要基本技能的具体活动，与之相对应的职业选择有机械、农林、维修等。研究型的人内省、理性、创造、喜欢独立分析和解决抽象问题，与之相对应的职业有数学、物理、化学、天文等。艺术型的人富于想象、直觉、冲动、无序，喜欢用艺术形式来表现自己的思想情感。与之相对应的职业有绘画、音乐、写作、表演等。社会型的人助人、合作、责任感、同情心，喜欢并善于社会交往，乐善好施等，与之相对应的职业有教育、法律、宗教和社会公益服务等。企业型的人支配、自信、精力旺盛，喜欢指挥，与之相对应的职业需要动员、组织和领导他人实现既定目标，如工商行政管理、市场营销、保险等。常规型的人稳定、有条理、顺从，喜欢程序化的工作，与之相对应的职业有秘书、会计、档案、后勤总务等。霍兰德认为，环境造就了人格，反过来人格又影响着个体对职业环境的选择与适应。人们总是寻找能够施展自己的能力与技能、表现自己态度与价值取向的职业。职业满意感、稳定性和职业成就取决于个体人格类型和职业环境的匹配与融合。职业行为是人格与环境之间交互作用的结果。

霍兰德根据自己所提出的六种职业类型，设计了采用自我施测、自我记分、自我解释的职业类型测验——自我指导探测系统。自我指导探测系统包括一个测验问卷和一本《就业指导手册》。通过回答问卷可以得到受测者个性类型模型，对照《就业指导手册》就可以找到适合自己个性特征的职业类型。该测验问卷共有 228 道题目，分为四个部分。第一部分是活动，共列出了 66 种活动，要求被试选择"喜欢"或"不喜欢"。第二部分是能力，共包含 66 个关于人的能力的陈述，要求被试根据自己的能力情况回答"符合"或"不符合"。第三部分是职业名称，共包含 84 种职业名称，要求被试回答"喜欢"或"不喜欢"。第四部分是自我评价，要求被试就 12 种能力或技能进行自我评价。经过汇总计算，可以得到被试在 6 个方面的得分，其中 3 个方面构成了被试的个性类型模式。《就业指导手册》列出了 414 种不同的职业，并列出了从事这些职业的人的典型个性类型模式以及一般的受教育水平。对照自己的个性类型模式及受教育水平，就可以得到一组比较适合自己特点的职业。

2. 杰克逊职业兴趣调查表

杰克逊职业兴趣调查表的测试维度主要有两种：工作角色和工作风格。"工作角色"指的是个人在职业上的工作内容。有些与从事的某一特定职业关联，如法律、教育、科研等。有些则包含在多种职业领域中，如信访、公关等。"工作风格"指的是一种工作环境。在这个环境中可以预期某些行为的发生。工作风格包括易产生计划的、独立的和独断领导的。杰克逊职业兴趣调查表量表共由 34 个分量表组成。包括 26 种工作角色和 8 种工作风格。适用于男女两性。在 34 个分量表测试中，任何一个量表得高分，就表示受测者对该职业领域所从事的工作感兴趣，并倾向于表现出该工作环境中一般人所做出的行为。

五、心理测评的操作实施

心理测评的操作实施，首要目标是遵循标准化要求或符合测验目的的施测程序，以排除与测验无关因素的干扰，提供最适宜的施测环境，诱发最佳或典型表现。

（一）测前事项及其运作规则

实施心理测验前，应事先将测验计划通知被试，取得被试的同意与合作，保证其明确了解测验的目的、时间、地点、内容范围、试题类型，以及测验规程等，使被试对测验有心理准备，并根据测验的要求调整情绪和身体状态。向被试提供必要的测前训练，以降低测验焦虑，同时减少测验熟练度或应试技巧的影响。

妥善保管测验材料，未经授权者不得接触测验材料。主试人员应当在施测前备齐测验题本、答题卡、测验指导书、草稿纸、笔及计时表等必需材料和用具，并按一定顺序放置在适当的位置，使受测者易于看到和找到。另外，有些操作测验要用到工具或设备。除非学会操作不熟悉的设备是测验的一部分，否则应对陌生的工具使用做出说明，如果一个考生不能使用设备或做出答案，可能需要考虑另类测试方法。主试人员可通过模拟一遍实际测验程序，检查测验材料是否准备齐全。

测验的主试人员必须熟悉施测程序与指导语的内容。应对测验的主试人员进行培训和模拟训练，通过讲解测验手册、操作练习等方式，使主试人员熟练掌握本次测验题本、答题卡及测验材料收发、放置等程序和要求。测验一般设主试一名，主试应熟记并能流利地背诵测验指导语，以免实际测验时读错或犹豫，使主试在测验期间举止自然、轻松。测验指导语是对测验的说明和解释，有时也规定特殊情况的处理方式，必须简明、准确且礼貌地告知被试测验的目的、题目的数量与类型、正确的作答方式、答题时限，以及是否允许猜测等。测验环境和条件包括测验场地、座位、测验材料等，都会影响测验结果，必须严格按照标准化的要求予以控制。

（二）测中事项及其运作规则

测验的主试人员应严格遵循标准化的施测程序，如指导语、测验起始与终止时间、座位安排等。不得随意改变施测程序。

测验正式开始前，主试首先问候被试，并感谢被试参加测验，然后应使用平和、亲切的语调对全体被试宣读指导语，指导语宣读必须严格遵循事先拟定的文稿，不得随口修改或在宣读过程中随意添加对指导语的解释。主试宣读完测验指导语后，应询问被试有无疑问，回答时应当严格遵守指导语，不应对测验做出额外的解释。

在主试宣读指导语时，监考人员应根据事先约定的程序，迅速、准确地将测验题本、答题卡分发给每个被试。一般来讲，应先发题本，后发答题卡。监考人员应监督和指导被试在主试的指令下填写姓名、考号等信息。

测验指导语宣读完成后，如被试再无疑问，主试应发布"请开始答题"的指令；当测验时间到时，主试应发布"请停止答题"的指令。当主试宣布"停止答题"的指令后，监考人员应迅速地将答题卡回收，收完答题卡后再收题本。

施测时测验的主试人员回答被试提问必须严格按照测验手册规定进行，不能对被试提供答题的暗示或线索。主试和监考人员都有义务防止和制止违规舞弊行为，同时要避免任何可能干扰被试作答的行为，如宣布"测验时间还有 5 分钟"，在测验场地里随意走动或聊天，站在被试旁边观看被试答题等。测验的主试人员应以诚恳、自然、自信的态度，与被试建立和谐、信任、融洽的合作关系，降低被试的敌意、紧张感，提高被试对测验的重视程度，增强被试的应试动机与配合度。

（三）测后事项及其运作规则

测验结束后，主试应感谢全体被试的合作与协助。主试和监考人员都应详尽记录被试的提问，以及测验中被试的特殊反应，如作答速度很快或很慢，作答态度极为认真或漫不经心，疑似舞弊行为，以及被试在测验过程中的言行举止等，以供分析测验结果时参考。监考人员应仔细清点答题卡和题本，并将答题卡按照考号依次顺号整理、装订、密封后送交指定地点。

六、关于心理测评工具方法的运用

包括各种心理测验在内的心理测评工具方法，对我们鉴别、诊断、预测、选拔人才将具有重要的参考应用价值。但是，我们也应当充分认识到心理测验并非完美无缺。不论是国外还是国内编制的心理测验，在任何场合下也并不是最有效的。尤其对于中国人才选拔测评来讲，目前适用领导心理与行为测验还不多，在方法技术上还不够成熟。因此，运用心理测验首先要明确以下问题：

第一，领导心理测评必须符合我国领导人才选拔的需要。由于我国与西方发达国家在政治体制、经济基础、教育背景、价值观念、人文环境上存在种种差异，单靠引进、照搬西方心理素质测评方法技术，对于中国人才选拔测评来讲没有前途可言。况且，由于受研究视野、科研水平、方法技术的限制，就我国目前一些心理学工作者编制的各类心理测验，包括修订、改编的一些国外心理测验量表，对中国人才选拔测评来讲，也还存在着科学性、实践性、适用性等方面问题。为此，对待心理测验必须采取科学慎重的态度。在中国人才选拔测评中采用心理素质测评方法技术，必须注重鉴别、消化和吸收，努力使之本土化、中国化，增强针对性和实用性。要根据当前我国领导人才选拔实际，开发信效度高的、适合中国领导人才特点和领导职位要求的各种测评技术工具。

第二，心理测评工具方法是辅助手段。心理测验不是万能的。由于心理测评的内容、结构十分复杂，对测验的环境、条件、人员素质等要求较高，再加上人的心理的内隐性、复杂性，仅靠对某一种外显行为的间接判断就能完全了解人的心理世界，这只能是一种不切实际的想法。心理测评无法对人才的个性特征做出全面的概括，也无法考量其道德品质，对人才能力素质的全面考察、鉴别、评价，需要借助多种方法，运用综合技术手段来提高领导人才测评的准确性和有效性。

第三，应该对心理测评方法技术加以严格管理。作为专业性要求很高的技术工具，心理测验对使用者的资格以及道德准则都有严格的规定。美国心理学会最早颁发了测验的管理条例，对有关测评的版权、使用、资格都进行了详细的说明。法国、英国、澳大利亚等国家也有类似的规定。中国心理学会于1992年12月专门制定颁布了《心理测验管理条例》，对测验注册登记、测验使用人员的资格认定以及测验的控制与保管进行了具体规定。要求测验使用者必须严格按照测验指导手册的规定使用测验，在使用心理测验作为诊断或取舍决定等重要决策的参考依据时，测验使用者必须选择适当的测验，并要采取一定的检查措施，测验使用的记录及书面报告要保存备查等。上述规定均对心理测验的道德素质提出了要求。因此，在领导选拔测评中运用心理测验，既要符合《党政领导干部选拔任用工作条例》的相关规定和有关人才选拔考试测评的各项规章制度，同时，也要严格依照心理测验准则进行操作。要注意保护受测者的个人隐私，对测验结果严格保密。对待测试结果要客观公正，确保其真实性和可靠性，使测验对人才选拔测评发挥良好的作用。

第四，心理测评对施测者的能力素质提出了严格要求。既需要熟悉测验的具体内容，也需要具备心理测试执业资格条件，要求对施测人员进行专门的知识培训和技能训练。如果施测者不熟悉测验的具体内容，不能正确提供测验指导语，不能准确掌握测验的时间和计分标准，不能客观正确地解释测验分数的统计学和心理学意义，所得到的测验结果对领导选拔测评工作来讲将有害无益。因此，必须对施测人员进行心理测验专业知识技能培训，要掌握和熟悉心理学、人才学、测量统计学等相关知识，这是保证领导测评工作质量的基本要求。

第十一章

领导情境判断测验

在领导选任实践中，情境判断测验（Situational Judgement Tests）的应用越来越引起人们的兴趣。典型的情境判断测验是向应试者呈现其在工作中可能遇到的各种情境，并给出应对情境的各种可能的处理方法或反应方式，然后让应试者以迫选的方式对可能的行动方式做出判断。把应试者的选择与专家评议组给出的参考答案对比进行评分。这样通过工作仿真与模拟的方法来对应试者的能力素质进行测评。它贴近工作实际，具有较强的针对性和较低的使用成本，同时又能较好地预测领导者的工作绩效，因此人们的关注度越来越高。本章将对情境判断测验的主要特点、应用发展和开发要点和实际操作进行简要介绍。

第一节　领导情境判断测验概述

一、基本概念

情境判断测验是一种人事测评中非常重要的选拔和评估工具。通过给应试者呈现工作中可能会遇到的各种情境，每个情境后面给出多个行为选项，作答者对这些行为选项进行评价，以此来推论其解决社会工作（生活）问题实践能力水平的测验，既可以用纸笔形式，也可以口头、录像或电脑形式作答。

情境判断测验在公平性、表面效度和效标关联效度方面优于传统的智力测验和性格测验，而在操作的难度和成本方面又优于评价中心技术。

第一，情境判断测验能够有效预测应试者的工作表现。如美国人事管理机构曾设计了一套"905测验"的情境判断测验题目，用以评测申请联邦商业和劳动监察职位的应试者处理人际关系的能力和潜能。由于这种测验设置的情境和提供的反应选项都与拟任岗位的业务直接相关，使其甄选出来的人员具有良好的工作绩效。

第二，通过情境判断测验，可以了解应试者的知识经验积累。情境判断测验在一个假设的工作情境中要求应聘者根据要求做出反应，促使他们尽可能回忆过去类似情境下的行为方式，然后根据回忆的信息应对假设情境中的问题。即便应聘者从未经历过测验中的假设情境，他们也可能从与假设情境有相同重要特征的其他情境来推断。因此可以较好地考察他们既有的工作经验和知识水平。

第三，情境判断测验可以反映应试者的智力水平。在应对模拟情境中的问题时，应试者不仅需要与工作情境相关的工作知识，而且需要有良好的鉴别、判断及思维能力。智商高的人往往能够更有效地把相关知识演绎到当前情境，以更好地应对情境中的问题。

第四，情境判断测验可以在一定程度上揭示应试者的性格特征。性格特征在很大程度上影响着个人处理问题的有效性。情境判断测验的应用实践表明，在测验中能够获得良好成绩者往往是拥有较高责任心、情绪稳定、谦虚等品性的人。

二、历史发展

情境判断测验的使用可追溯到20世纪20年代。第一个被广泛应用的是华盛顿社会智力测验中的社会情境判断。其中包括了许多工作中的情境条目，要求应试者据此进行确切的判断，对情境中人们的动机深入了解，借以做出正确回答。对每一个情境，测验给出了多个回答供选择，其中只有一个回答正确。由于它与工作中运用到的知识、技能和能力有直接相关，一直被认为在人才选拔中有很高的应用价值。在"二战"期间，军队心理学家使用这种形式的测验，试图借此来评测士兵的判断能力。这些判断能力测验包括情境和一系列反应选项。测验要求应试者凭借个人能力、常识、经验和智力做出判断，而不是依靠逻辑推理。

从 19 世纪 40 年代开始，一些评价领导潜能的情境判断测验逐渐被开发出来，其中包括实际判断力测验、怎样管理文书档案、管理者操作测验、商业判断力测验、管理者判断力测验、管理者人际关系量表等。实际判断力测验由多重选择题目组成，描述了日常的商业事务和社会情境，同时那些测量特定知识或事实信息的题目在测验编制过程中被删除。管理者操作测验用来测验在做出包含人的因素的决策时，管理者所具有的有效工作能力。题目要求应试者对管理者在实际工作中会面对的与工作相关的典型情境做出判断。该测验的得分有效区分出了管理者群体和非管理者群体。另外，测验得分也与心智能力明显相关。管理者人际关系量表主要用来测量管理者在处理工作中人际关系的知识和顿悟能力。题目分成两个部分，其中管理者实操能力和公司政策部分涉及某些特定情境下的行为，这些行为是上级所期望做到的。而管理者观点部分是一些管理者在管理员工时，必须面对的问题情境。每个题目由一个短句组成，回答者对它给予同意、不同意或不确定的回答。

在 1950 年后期和 1960 年早期，情境判断测验还被一些大型公司用来作为一种选拔工具预测管理者绩效。如新泽西标准油料公司设计了一套题目，称为"管理潜能早期鉴别测验"，用来鉴别在管理工作中有成功潜力的员工。其中一个分测验是管理判断力测验，包含的题目描述了问题情境，给出几个可能的行为或决策供应试者选择。要求应试者说明哪种行为是最合适的。

近年来，情境判断测验开始广泛地应用于工业和组织心理学的实践中，并且日益受到人们的关注和重视。典型的多媒体判断测验包括一系列录像片，每个录像片中描述了一个在任职者处理工作的典型情境，并且以一个问题结束。就在问题将要得到解决的时刻，录像结束要求应试者在几个行为选项中做出选择。问题和回答都以视觉形式呈现，并给予描述。这种多媒体情境判断测验与情境面试相似，只是情境是通过录像扮演出来的，并以问题结束。在这种测验中给出的回答一般都是固定的 4 个或 5 个选择项，应试者必须在此范围内选择。大多数多媒体判断测验都是为了考察应试者在工作相关的情境中对处理工作的判断能力。由于运用了多媒体技术，可以描述出更详细、丰富的行为事件，逼真度更高，以此为基础做出的判断也就更有效。

三、理论基础

目前，情境判断测验的基础理论主要有行为一致性假设与内隐特质策略理论。两者都从不同角度较好地解释了通过对情境问题的判断，来有效地预测个体绩效、情境判断与行为表现之间的内在逻辑等相关问题。

（一）行为一致性假设

行为一致性假设指出过去的行为是未来行为最好的预测指标，个体行为存在跨情境的一致性。个体在情境判断测验中的行为选择能够预测未来的工作绩效，并具有良好的效度指标。根据行为一致性假设，情境判断测验提供的多种行为选项被认为是总体行为表现的一个样本，个体在情境中对各种行为样本进行判断并选择和评价，以此用样本行为来预测整体的行为倾向或未来的行为变化。这是情境判断测验的理论前提，可以用来解释测验结果。

（二）内隐特质策略理论

内隐特质策略理论是解释情境判断测验认知机制的最新发展起来的理论，用来解释情境判断测验与工作绩效之间的关系。该理论的主要观点认为人格特质与行为效能之间存在因果关系，主要包括三个理论假设。

第一个假设认为，情境判断测验所测量的程序知识与工作绩效存在因果关系。个体在情境判断测验测得的程序知识越高，则工作绩效水平越高。第二个假设认为，人格特质与情境判断测验成绩也具有因果效应。情境判断测验中存在特质匹配，不同行为的效能是由对应的人格特质来决定的。如具有高责任心特质的个体更愿意相信那些表达这种特质的行为选项，因此个体在特质匹配的情境中会做出更有效的行为表现。第三个假设认为，内隐特质策略受到先前经验的影响，个体能否在特质匹配的情境中表现出一致性的行为会受到先前经验的影响。借助先前经验，个体能够了解到在某种特定工作情境中呈现某种具体的人格特质要比另外的特质更加有效。

四、主要优点和不足

情境判断测验是一种低度逼真的情境模拟方法。以其表面效度高、能够充分激发应试者积极性、具有较高的预测效度、公平性强，负面效应少、操作方便、灵活等优点得到了较为广泛的应用，并且与其他模拟测验如无领导小组讨论、公文筐测试等相比，开发和评价成本低，使近年来情境判断测验的研究和讨论较多，在人事测评与选拔中发挥着重要的作用。

虽然情境判断测验相对于一般的测验优势明显，其发展前景也相当广阔，但情境判断测验也有明显的不足之处。

一是难以明确测验内在心理结构。情境判断测验难以明确测验所要测量的内在心理结构。情境的复杂性是造成这种现状的主要原因，当受试者面对一个问题情境的时候，并不是一种心理现象单独起作用，在每一个情境下的反应都是受试者的感知、理解、思维、判断等多方面的心理能力共同作用的结果，因此每当从心理结构的角度来探讨情境判断测验的内在结构或者其构想效度时，所得到的结果总是不能让人满意的。

二是情境的变化性。当今社会是一个瞬息万变的社会，日趋激烈的商业竞争无时无刻不在影响着工作活动中所要面临的情境，有些工作的情境甚至会发生巨变，在这种情况下以往收集到的问题情境的适用性和代表性会有所降低甚至失去效用。因此，已经开发编制的情境判断测验需要开发者随着工作情境的不断变化对测验加以修订和完善。

第二节　领导情境判断测验的开发

一、选择开发模式

经过多年的发展，情境判断测验技术日渐成熟，测验的开发已经形成模式。目前情境判断测验的开发主要有两种模式：一种是经验性模式，另一种是结构导向模式。

对于经验性模式，第一步需要请岗位专家与岗位经验熟练者提供做好该岗位工作的关键事件，把那些能够鉴别绩效的关键事件加工设置成情境；第二步请岗位专家和岗位不同熟练程度的人员提供行为反应，选出能代表不同有效性或不同意愿程度的行为反应作为反应选项；第三步确定指导语和评分标准；第四步对小群体施测；第五步针对施测结果来分析测验能够测到的能力维度。

对于结构导向模式，第一步是从职务工作分析出发，确定该工作岗位应该测量的能力维度；第二步对每一个维度拟定操作性说明；第三步针对每一能力维度操作说明开发情境与行为反应；第四步对小规模样本进行试验性测试，并做分析；第五步进行大规模测试，并采用探索与验证性因子分析验证能力构思，建立效标，验证效标关联效度。

由于经验性模式不是先从测验应测什么特质出发来编制测验，而是先从收集有用的情境和恰当行为反应出发，最后再来分析测量什么特质，属于经验导向的测验编制方式。随着研究的深入，研究者发现这种模式开发的情境判断测验缺乏较好的结构效度，而逐渐放弃了这种开发模式。而基于结构导向开发的情境判断测验更能保证结构效度及其效标关联效度。目前研究者越来越推崇结构导向的情境判断测验开发模式，接下来将具体介绍结构导向的情境判断测验题目开发过程：确定测量结构、选择情境样本、设置反应选项、编制测验题目。

二、确定测量结构

首先，需要明确具体的测量结构。测量结构是测验开发的依据和基础，结合所需测评主体，从职务工作分析出发，确定该工作岗位应该测量的能力维度，构建测量结构维度，并对每一个维度拟定操作性说明。如果情境判断测验的测量结构不明确，就难以保证其结构效度。

在测量结构确定过程中，一般都需要进行职务工作分析。职务工作分析主要包括职务描述和职务要求两部分内容。通过职务描述可以弄清楚一个工作岗位的主要工作职责、任务、活动及要承担的责任等；职务要求则明确了胜任该工作岗位应具备的知识、技能、能力及其他要求。通过全面的职务工作分析，可以找出标志工作绩效的几个重要行为维度，从而使情境判断测验开发者在构建情境判断测验内容时能够很好地考虑这些信息，设计项目以便于反映那些通过工作要求分析所识别的特定维度，有助于保证代表性，以及测量的工作相关性。职务工作分析有助于开发出来的测评工具或程序具备较好的表面效度、效标关联效度和内容效度。

三、选择情境样本

情境判断测验的主体部分都是由一系列工作相关情境组成的，通过为候选人提供一定的情境背景信息，诱发其行为反应，从而对候选人的综合能力水平做出评价。针对所要测评的目标设置适宜的情境问题是最关键的一环，也是编制测验的重要一步。情境的设置是为构建问题空间服务的，是收集有关特定工作的信息并做出判断的一个系统过程。

确定了情境判断测验的测量结构之后，可以采用关键事件法收集情境判断测验开发所需的典型情境和行为。关键事件法是迄今为止用于识别情境判断测验情境内容最常用的方法。关键事件法要求职务专家（subject matter expert）来描述工作中遇到的一些工作情境；在描述每个工作情境的时候，可以采用结构化的格式，要求由职务专家说明当时的情境、如何处理以及结果如何。职务专家可以是在岗员工和直接主管，也可以是其他熟悉该岗位工作的相关人员。关键事件需要具备三个主要特点：（1）围绕岗位关键职责任务；（2）以工作行为作为基础；（3）与工作绩效相关联。因此并不是职务专家写下来的情境都是关键事件。开发者需要对职务专家汇报的"关键事件"进行筛选、编辑和修订，使它们成为关键事件，并且可读性强，容易理解。对于类似的关键事件，需要进行合并，用适合于多种工作岗位的语言来综合描述，使关键事件具有普遍性。然后，以这些关键事件为基础，设计测验的情境部分。

对收集到的典型情境和行为，根据测量结构中对每个维度的定义进行分类整理，在这个过程中要注重题目内容效度的体现，选取其中最具有普遍性典型性的事件，还要考虑情境问题的难易程度。

四、设置反应选项

情境判断测验由两个部分组成，除了情境部分，接下来是收集情境可能的反应。用于测验的行为反应选项的征集和选择对于测验也是非常关键的一个环节，一个有效的行为反应选项应有较强的区分鉴别能力和针对性，也就是说需要强弱度的可序列性、恰当的数量并能具体反映出某种能力素质的强弱，以及选项必须是针对解决某一情境的问题可能做出的有针对性的行为反应，不能对所有行为一概而论。

对于情境的行为反应的收集，通常有两种方式：让任职者填写开放式问卷或进行行为事件访谈。一般情况下要求反应项目具有一定的区分度，所以寻找的在岗员工或访谈对象一般要求在工作经验、工作绩效等方面有较大差别。为了提高反应项目区分度，分别从工作绩效较好和较差的两类员工处收集可能的反应项目。开发者要对收集的可能反应进行编辑和整理，将与情境无关的可能反应予以剔除，将类似或相同的可能反应进行归类、合并，并去掉那些会导致高社会称许性的项目，最后通常保留3—5个反应选项。

行为反应选项是应试者直接评估判断的对象，也是应试者解决问题的价值取向、策略思路与技能方法的具体体现。所以，通过考察其实际作答表现，就可以有效地来推断其胜任力的现实水平。因此，行为反应选项应满足下述要求：（1）问题针对性，与所设情境紧密相关。如果与所设置的情境问题无关，就不能作为一个有效的行为选项。（2）区分鉴别力。如果高水平和低水平应试者在某一行为反应选项上的作答表现完全一样，这样的选项即为没有区分鉴别力的不合适选项，应当剔除。（3）数量恰当并能按强度排成序列。一个情境判断测验题一般应有 3—5 个行为反应选项，它们按解决问题的有效性或可行性程度可从高到低加以排列。

五、编制测验题目

对收集到的典型情境和行为反应，将其转化为典型的情境题目和反应选项，编写情境判断测验题目，简洁准确地表达工作中遇到的问题，并以问题结束。呈现给应试者的题目是任何情境判断测验的基础。当编写题目时，需要考虑以下几个关键问题。

（一）题目的复杂性

首先需要注意的是题目的复杂性、详细性和具体性的程度。尽管有些情境判断测验的题目比较简单，但是也有很多情境判断测验的情境描述相当详细，如采用了派生技术以一个共同的"基本情境"为基础派生出多个"亚情境"。有研究者发现，具体性较高的题目比通用性的题目具有更高的效度。

（二）题目的保真度

一般情况下，题目的保真度是指题目的真实性程度，或真实再现工作任务要求的程度。保真度存在着物理性保真度（例如，测验所要求的行为类型与工作中的任务相同吗？）和心理性保真度（例如，测验所要求的认知类型与工作中的任务相同吗？）的区别。同时，也需要认识到被测试者在反应形式上的差异。如纸笔、计算机、互联网等形式可能导致反应上的差异，改变题目的保真度，从纸版变成视频版可能不仅影响物理性保真度，而且也会影响心理性保真度。

六、设计指导语

指导语说明了情境判断测验的情境说明，通过介绍应试者所在的虚拟的情境使得应试者尽快进入测验状态。要求应试者对给定的情境、对与情境有关的反应选项做出评价、判断与选择。

在应试者进行判断时，要给出具体的指导语。指导语用来确定应试者如何选择可能反应选项。常用的情境判断测验的反应指导语主要有四种。第一种是知识型指导语，要求作答者从多种反应选项中选择一个最优（和一个最差）的解决方案。第二种是行为型指导语，要求作答者选择一个最可能采取（和一个最不可能采取）的解决方案。上述两种方式都属于迫选式。第三种方式是要求作答者评价每个反应选项对解决情境中问题的有效性。一般采用 7 点利克特量表，请作答者按照从 1（非常无效）到 7（非常有效）的量表评价每个反应的有效程度。第四种是要求应试者对解决方案的有效性进行排序。

七、建立计分方式

至于情境判断测验的计分，由于情境判断测验通常并不存在基于专业知识的、明确的"正确"答案，所以其计分有多种不同的方式，演绎式和实证式是其中两种主要的计分方式。

（一）演绎式计分方法

演绎式计分方法也叫基于专家的计分方法，是请一批职务专家对每个情境下面的各个可能反应进行判断、评价，直到最后达成一致意见。不能达成一致意见的情境，要考虑删除或者修改。如果采用第一种知识型指导语，就需要职务专家讨论出每个情境下最好的和最差的解决方法，在正式的测评中，就按照确定下来的计分标准给每个应试者计分。

这种计分方式在一定程度上可以确保情境判断测验得分与工作绩效之间的关系，并且有助于判断哪些情境可能适合用于测评特定的构思。其缺点是在计分过程中过分依赖职务专家，而且目前没有对职务专家进行明确的界定，职务专家可以是在岗员工和直接主管或其他熟悉岗位工作的相关人员。此外，职务专家未必在情境判断测验所有的情境中都会有较好的反应。

（二）实证式计分方法

实证式计分方法不是根据职务专家的结果来计分的，而是基于测验题目或反应项目与效标之间的相关来计分的。采用这种计分方法，在决定计分时需要设计并试测直接主管对应试者的工作绩效考核，依据直接主管对被试的工作绩效考核结果给每个反应项目计分。假如采用第二种行为型指导语，就根据每个反应项目所对应的平均工作绩效水平决定每个反应的计分。平均工作绩效最高，就定为"正确"的最可能解决方法；平均工作绩效最低，则是"正确"的最不可能的解决方法。

实证式计分方法使得情境判断测验的结果容易与工作绩效相关，具有较高的预测效度和效标关联效度。但是实证式计分方法的缺点在于计分标准容易受到直接主管对应试者工作绩效考核以及样本特点的影响。所以这种方法需要调动直接主管对工作绩效考核的重视和积极性，提供较客观、准确的考核，同时还需要做交叉效度验证，以保证计分标准的概化程度。

八、确定赋分标准

确定指导语和计分方式后，就要根据不同的指导语和计分方式给出具体的赋分标准，赋分标准与方法相应有如下几类：

（一）迫选式的赋分标准

第一，选出最有效（最可能）选项，选对（与专家确认项相同）为"1分"，选错为"0分"；第二，选出最有效（最可能）选项与最无效（最不可能）选项，选对一项为"1分"，选对两项为"2分"，均选错为"0分"；或者将最有效（最可能）项选为最无效（最不可能）项为"-1分"，反之也为"-1分"；或者令作答者选出最有效和最无效项，但求取的是专家在这两项上设定值前项减后项的差。因此，当应试者所选的结果与专家设定完全一致时，可获得最大的正分数值；而当与专家设定截然相反时，会获得绝对值最大的负值；随着应试者所选结果与专家意见差异增大，所得的分数会由正到负变小。

（二）李克特量表式的赋分标准

使用李克特量表时，事先由专家将每一反应在"最有效至最无效（最可能至最不可能）"等级量表上评出值，令应试者对每一选项也在等级量表上评出值，再计算作答者评出值与专家设定值的离差，离差小者为优；或者不求离差而求相关系数值，这时要求反应选项的个数应多。

（三）排序式的赋分标准

使用排序式时，按专家排序的标准给每个反应选项赋予一定的分值，然后把作答者的选择按此标准进行数量化。

九、试测与验证

情境判断测验的题目、反应选项、指导语和赋分标准均确定之后，需要通过试验性测试来收集实证数据做必要分析，对不合理的题目和选项及时进行修改完善。

（一）对试测评价者进行培训

首先选定试验性测试的评价者，下一步则需要对评价者进行培训。培训主要分为两步：第一步是理论和原理培训，主要是使他们掌握情境判断测验的基本原理与方法；第二步是实测训练，由评价者担任应试者接受每一项测验，然后作自我评价和相互评价，再由主讲者进行分析总结。通过这样的培训，使评价者基本能掌握实际测评的观察和评价技能。

（二）对测验题目和选项进行验证

情境判断测验的题目、反应选项、指导语和赋分标准等均确定之后，经过实证的方式，通过收集相关数据，对已经设定的测验题目和选项的合理性和有效性进行试测。例如，考察专家与一般人选所得数据间的差异（如考察平均数、标准差的差异等），考察选项得分与总分的相关性，考察选项得分与外部效标测量值的相关性等，从而确定题目和选项是否恰当有效，对于不合理的地方及时进行修订和完善。

第三节　领导情境判断测验的影响因素

一、情境判断测验的信度

一种测评工具是否可靠和正确，关键在于该测评工具的信度和效度，信度和效度是优良测评工具必备的条件。如果对该人才测评工具的信度和效度一无所知，则无法判断其所测结果的可信及正确程度，要对一个测评做出有效的推断，就必须在其信度和效度上有良好的证据来证明其有效性。

（一）内部一致性系数

信度系数的选择与评价是情境判断测验信度研究中的主要问题。大多数研究仍采用内部一致性系数（α系数）作为情境判断测验的信度指标，但是研究结果表明内部一致性系数的差异幅度比较大，不是评估情境判断测验最适应的信度指标，特别是在高风险情境和测验题目不同质的情况下内部一致性系数非常低。测验长度、反应指导模式、题项异质性程度等会影响内部一致性系数作为情境判断测验的信度指标，并低估测验的稳定性程度。情境判断测验长度会提高内部一致性系数，因此在设计测验时增加同质题项有助于提高 α 系数。情境判断测验中题目具有高异质性，或者测量的是一些复合性的概念时也会产生比较低的内部一致性系数。

（二）重测信度和平行形式信度

在情境判断测验的信度问题上，研究者们指出，比起内部一致性系数（α 系数）来说，重测信度和平行形式信度可能更适合展示情境判断测验的信度水平，能够较好地表现测验的可靠性和稳定性程度。重测信度要求作答者一段时间后在同一测验上再次测试；平行信度要求使用不同的题目测量同样的构念。在实际研究中重测信度和平行信度逐步受到关注，特别是重测信度应用更多。相比内部一致性系数，重测信度要求在同一样本中重复测量两次，因此增加了测量的难度和时间成本。但是运用重测信度能够较真实地表现情境判断测验的稳定性，同时也能够获得较为满意的结果。平行形式信度在实际研究中运用得不是很多，这主要是由于编制两份平行的情境测验是比较困难的，但已有研究指出平行形式信度和重测信度一样，都是情境判断测验比较理想的信度指标。

二、情境判断测验的效度

效度是情境判断测验非常重要的问题，主要包括情境判断测验的构念效度、效标关联效度和增益效度。这三种效度分别对应情境判断测验的三类问题：（1）情境判断测验测量的内容是什么？（2）情境判断测验的分数能够预测什么行为？（3）与其他测验相比，情境判断测验的增量在哪里？

（一）构念效度

第一个问题是情境判断测验的构念效度。情境判断测验目前最需要迫切解决的就是构念效度，而大多数情境判断测验的局限性就是缺乏清晰的构念效度。已有研究表明情境判断测验测到了认知能力、个性、经验，可以说其在认知能力、经验和个性上的构念效度是比较高的，但是在实际编制测验时，题项间往往存在较为明显的异质性。因此为了突出和提高人事测评工具的构念效度，目前研究趋势更加提倡结构导向的情境判断测验开发模式，重点关注测验反应的维度和构念的检验。结构导向开发的模式，是在测验编制之前就已经确定要测哪些结构，并有针对性地设计不同的情境来测量这些结构，有效地提高和改善了情境判断测验的构念效度。此外，情境判断测验的构念效度依赖于特定情境，不同测验样本中情境判断测验的构念效度是不同的。

（二）效标关联效度

第二个问题是情境判断测验的效标关联效度，主要表现在情境判断测验能够有效地预测工作绩效。研究表明，用来测量人际技能、团队技能和领导力的情境判断测验对于整体工作绩效具有较高的预测效度，其中工作绩效维度（任务绩效、周边绩效和管理绩效）、测验类型（纸笔和视频形式）对效标关联效度具有调节作用，结果说明当情境判断测验构念与工作绩效维度存在内容关联性时会提高效标关联效度，基于视频形式的情境判断测验要比纸笔形式具有更高的效标关联效度。情境判断测验的效标关联效度在国家间存在一定的差异，以往研究在澳大利亚、英国、美国、伊朗等国家发现存在效标关联效度，而在有些国家如墨西哥则发现该效度不佳。整体而言，情境判断测验作为人事选拔工具和研究构念在预测工作绩效等效标方面具有较好的关联效度，但是它会受到一些测验情境因素的调节。因此在使用情境判断测验时需要注意和区分不同测验因素的影响，如测验形式和反应指导语等。

（三）增益效度

第三个问题是情境判断测验的增益效度，主要指情境判断测验相比其他测验在预测效标方面所获得的改进程度，用来衡量情境判断测验在同一类效标上的增量程度和变异贡献量。在实际研究中关注增益效度是为了说明情境判断测验可以作为非常理想的预测变量来研究组织行为。大量的实证研究表明，情境判断测验具有较好的增益效度，在预测工作绩效方面，与一般认知能力测验、大五人格测验等相比，有更高的变异解释力。情境判断测验的增益效度也会受到测验情景因素的影响，不同形式的测验会产生不同的增益效度，视频形式的情境判断测验要比纸笔形式的测验具有更高的增益效度。此外，不同形式的测验指导语也会产生不同的增益效度。

三、影响情境判断测验效度的因素

情境判断测验具有情境敏感性的特点，在具体实施过程中会受到一些因素的影响，从而表现出不同的测验结果和性质。因此，在情境判断测验实施过程中需要引起关注。

（一）测验呈现形式

情境判断测验在呈现给被试时需要关注测验形式、反应指导语和题目顺序等方面的因素，而忽略这些方面将导致测验结果和评价决策的误差。首先测验形式的差异会导致不同水平的信效度。已有专家研究表明，多媒体形式的测验比计算机化和纸笔形式的测验有更大的表面效度，作答者感知更积极。录像和多媒体形式的测验有更高的仿真度，呈现的信息也更加丰富、详细，这导致更高的标准关联效度。因此，相同内容的测验形式在进行比较和转换时需要特别谨慎，在同一样本的测评中需要采取相同的测验形式。在测验实施过程中给予被试不同的反应指导语也会带来不同的测验结果和属性，反应指导模式会启动被试产生对测验情境不同的认知和理解。行为倾向的反应模式会启动被试产生程序性的认知，更多关注测验行为反应是如何实施的；而知识倾向的反应模式促使被试产生程序性的知识，主要关注测验行为的解释和描述。此外，情境判断测验的实施需要受测者投入一定的认知资源，特别是题项比较长、题目异质程度比较高，或者测验包含无关内容时题项在呈现过程中会产生顺序效应，即相同的题目放置在前后不同位置上会导致不同的行为选择。因此，测验开发者在编制情境判断测验时需要降低测验无关内容的干扰，提高测验题项的同质性。

（二）题目认知复杂性

情境判断测验试题的题干有的更为详细具体复杂，但有的更为简单笼统。有研究发现，题目越复杂详细程度越高的，情境判断测验效度会越高。其中一个可能的原因是试题越详细具体，题目的表面效度就越高，进而被试的作答积极性也会相应地提高；另一个可能的原因是复杂详细的题目要求更高的阅读能力，因而这些题目可能与认知能力相关更高。一般来说，认知能力对工作绩效的预测效度较其他非认知能力高，因此与认知能力相关较高的题目预测效度也相应地更高。

（三）培训和训练

当一种选拔方法流行时，相关人员会参与商业测验训练计划，掌握提高测验分数的策略，进而提高选上的可能性。那么，测验成绩能通过训练提高吗？相关专家研究了大学入学测试中作为选拔工具的情境判断测验的可训练性。结果表明，一些测验对训练敏感。同时，在高利害选拔中，训练可提高测验分数，训练效应大约为 0.5 个标准差。这表明，训练影响情境判断测验的效度。

（四）测验作假行为

测验中的作假行为是人事测评中经常遇到的现象，受测者基于相关动机有意识地歪曲测验反应，做出偏好或期望性的反应，这会增加测验系统误差，降低测验信效度。已有研究表明情境测验中的作假行为与效标关联效度和增益效度具有显著负相关关系，相比诚实组被试，作假组被试的效标关联效度更低。被要求尽可能诚实回答的作答者和被要求作假的作答者平均分数有差异，差异在 0.08—0.89 个标准差之间，作假效应比个性测验小得多。他们提出了几个可能使测验更易作假的中介变量：第一，测验题目有更大的认知负荷时，不易作假。第二，越明晰的题目越易于作假。第三，反应指导语类型是关键因素，因为它影响测验的认知负荷和反应失真量，行为型指导语测验比知识型指导语测验更易作假。测验作假行为对于情境判断测验的影响是负面的，因此在测验实施过程中需予以重视，采取相关措施来降低受测者的作假行为。

（五）测验群体差异

由于情境判断测验题项具有情境敏感性和特定性，不像认知能力和人格测验的题项那样通用，因此在具体实施过程中会受到人群特征的影响，从而造成测验结果的差异。首先，情境判断测验在种族上存在显著的差异。虽然情境判断测验在整体上具有跨文化通用性，但是受到文化群体的影响，在其效度指标上存在一定的差异。其次，在以求职者和在职者为样本的研究中发现了亚群体差异，求职者在人格测验中的得分较高，而在情境判断测验中的得分较低。

四、应用情境判断测验时需注意的问题

目前情境判断测验越来越受到广大人力资源管理者的青睐，而且在人才测评与选拔中发挥着越来越重要的作用，但是应用情境判断测验时仍需要注意以下几个问题。

（一）设置相互联系的情境

尽量在同一测验项目内设置相互联系的情境。有相互联系的情境测验可考虑应聘者先前的回答，即应聘者对上一问题的回答会影响其下一步所要面对的情境及问题的发展。设置这样的项目虽然会有些复杂，但有利于企业对应聘者的持续性考察，进而较准确地把握其动机、思维能力等。但这种情境

间的联系只能存在于一个题目内，题目之间最好保持独立。

（二）保证开发程序的专业化

由于情境判断测验是一套标准化的测验形式，操作过程相对简便，这凸显了开发程序的重要性。情境判断测验在开发过程中具有相当大的主观性，从选择设置的情境、反应项目的收集一直到赋分标准的确定，都需要开发人员的主观评判，此时开发人员的专业水平会直接影响测验的可信性和有效性。另外，编制过程的主观性还可能导致测验内容的不确定性，这就需要专业人员对测验结果做出针对性解释，以免出现测验误导的情况。

（三）结合其他测评方法

情境判断测验考察的是应试者对问题情境的一般认识，可以测查其智力、某些性格特征等，但对于具体的工作岗位而言，这种测查可能不够全面。假如组织需要招聘销售人员，就会要求其具备较高的语言表达能力，对仪表风度、性格特征等也会有更为具体的要求，而要获得这些信息，还需要借助于面试工作。组织在引入情境判断测验技术时，如果能与其他选拔方法结合使用，可以更好地为人才甄选"站好岗、把好关"。

第四节　实践案例

从国外关于情境判断测验的应用实践状况来看，不管是政府干部的选拔，还是在咨询公司或其他企业人员的选拔和评价中，情境判断测验都被广泛应用。在我国，现代人才选拔和评价技术方面的研究起步较晚，对于情境判断测验的研究和实践还处于探索阶段。随着人才测评工作对测评工具信效度、实效性要求的提高，情境判断测验开始受到政府、企业和测评公司等的关注。在我国党政领导干部公开选拔考试、公务员考试及企业人员选拔和评价实践中都对情境判断测验提出了迫切的要求。目前在北京师范大学与北京市领导人才评价体系心理测评子系统的开发中，对领导力、领导特质、压力管理和心理健康采用了情境判断测验进行测量。深圳市委组织部高级人才评荐中心及广州市高级经理人才评价中心都采用了情境判断测验作为高层管理人员选拔与评价的工具。在"广州公开招考企业高层经营者"实践中，综合采取了情境判断测验等各种情境评价形式，受到了应试者及各个方面的好评。

在北京市竞争性选拔领导干部和后备干部素质测评中，多次使用《领导能力测验》。该测验属于纸笔情境判断测验，由北京双高人才发展中心与北师大心理学院合作开发。开发过程包括：关键事件访谈、情境设置、行为反应收集、测验试测、效度检验、常模构建。采用关键事件访谈法进行工作分析，对北京市30多名机关、企事业单位的中高层领导干部进行访谈。对他们描述的"关键事件"进行筛选、编辑和修订，设计测验的情境部分。进行开放式问卷调查，收集这些情境下的各种行为反应，进行编辑和整理，保留4个反应作为题目选项。测验题目以四选一的选择题形式呈现，作答者在4个选项中选择最恰当的选项。采用2—1—1—0计分方法，10名相关专家对题目选项进行评价，最好的选项计2分，最差的选项计0分，其余选项计1分。

题目例子：你是某集团总裁，最近突然接到一位副总和产品总监的辞职报告，并且听说他们有意加盟另一家规模和薪酬水平相近的公司。你认为他们跳槽最可能的原因是：1. 为了寻求个人利益最大化，他们的选择是可以理解的；2. 他们同时跳槽，是为了表示对公司的不满，是缺乏忠诚度的表现；3. 自己忽略了和他们的沟通，没能提供充分发挥他们能力的平台；4. 公司忽略了为他们提供专业培训机会，影响了他们的职业发展。

对100多人的样本进行试测，包括领导干部、企业管理人员、部分在读大学生。通过项目分析，保留 64 道题，包括人脉建立、执行力、团队管理和战略管理 4 个维度，每个维度包含 2—6 个要素。题目的区分度均大于 0.15，在高、中、低三个难度水平都有分布。其中 3 个维度的 α 系数在 0.51 以上，达到了能力情境测验的要求。比较学生组和领导组在测验上的平均得分，考察测验的同时效度，结果表明学生组和领导组在人脉建立和战略管理上的得分存在显著差异，学生组得分低于领导组；学生组在执行力和团队管理上的得分也低于领导组。根据近 2000 名领导人才的测试数据，构建测验的常模。将各要素得分转化为标准分，根据得分高低分成高、中、低 3 个评价等级，开发了相应的评语解释体系。在此基础上，开发了《领导能力测验系统软件》，可以自动进行数据处理，提供个人测试评价报告。

该测验系统通过模拟领导工作中实际发生或可能发生的情境，要求受测者针对情境中的实际管理难题对几种可能的处理办法进行判断，根据其判断的优劣，测验可以实现对领导者的能力评价。该测验的开发，产生了以下积极作用和重要价值。第一，在文献综述、问卷调查与关键事件访谈等多种研究方法的基础上所得出的领导能力素质模型，具有科学性和完整性。第二，克服了选拔测验中的社会称许性问题。第三，操作简便成本低，可集体施测。第四，表面效度高，受测者反应良好。第五，该情境测验贴近工作实际，有较好的预测效度，用于选拔更为公平。该测验分为企业中高层、党政中高层四个分测验，在多年的使用过程中为各类组织的各类人才的选拔和配置发挥了重要的作用。

目前，情境判断测验被公认为人才测评技术中非常具有潜力的测验方法，是一种半透射测验方式，能够有效避免自陈式测验和投射式测验的缺点，而且其开发难度较低、易推广，是目前企业组织和政府干部人才选拔，特别是中高层选拔急需的一种新型测验方式。它既可以弥补现有管理人员选拔技术上的缺陷，为组织由传统人事管理向现代人力资源管理过渡提供有力的支持，为人才选拔的公平性、科学性和准确性提供技术支持。情境判断测验在现实生活中的应用比较广泛，在管理者胜任力测评、员工工作绩效测评、政府干部选拔、咨询公司及其他企业人员选拔与评价中，扮演着越来越重要的角色。

第十二章
党政领导干部选拔的实践案例

案例一：基于胜任特征模型的领导选任

为进一步加强机关干部队伍建设，×部党组研究决定面向部机关对部分副司级、正处级和副处级空缺职位开展竞争性选拔工作，并发布了《关于开展司处级领导干部竞争性选拔的通知》。通知公布了竞争职位、任职条件、选拔范围、报名条件、选拔程序、选拔纪律等，要求各司局符合条件的人员踊跃报名，积极参与竞争。通知也指出，对在竞争中表现比较优秀但未能任职的人员，将纳入干部储备库，其笔试、面试、推荐、测评结果作为今后干部选拔任用的重要参考。

张某，33岁，研究生学历，中共党员，5年前通过公开遴选从基层调入部×司综合处工作，为人公道正派，办文、办事干练，领导和同事们很认可。对照通知中关于综合处副处长职位的任职条件和能力素质要求，他觉得自己能够胜任该职位的工作。他向处长汇报了自己的想法，处长非常支持，鼓励他积极报名，好好展示自己。于是，他就按照通知要求，认真填写了报名表。

为保证竞争性选拔工作组织周密、安排严谨，部党组成立竞争性选拔工作领导小组，负责此次竞争性选拔的具体实施。其中，笔试、面试、心理测评等环节委托第三方专业测评机构承担。根据部机关司处级领导职位核心胜任特征框架体系，按照人职匹配的要求，确定副司级职位、正处级职位和副处级职位所要考评的要素。其中，对于张某所报考的"综合处副处长"这一领导职位要考评的要素及其权重见表12-1。

表 12-1　X司综合处副处长职位测评要素权重表

		权重
核心知识	政策法规	25%
	领导科学	15%
	公共管理	10%
	业务管理	25%
	国情国力	15%
核心能力	合作共事能力	15.0%
	政策贯彻能力	14.6%
	政治鉴别能力	17.5%
	解决实际问题的能力	16.4%
	综合分析能力	13.8%
	协调能力	11.3%
	决策能力	11.4%
关键品质	进取心	14.5%
	务实精神	18.2%
	诚信	9.8%
	廉洁	13.0%
	责任心	15.5%
	公道正派	14.1%
	大局意识	14.9%

在确定了考评要素和权重之后，第三方测评机构设计了相应的测试方法。主要包括笔试、面试和心理测评三个部分。笔试采用了综合知识考试、专业知识考试，面试采用了结构化面试、无领导小组讨论、公文筐测试，心理测评采用了16PF人格测验和管理技能测验。笔试试题按照不同岗位分别命题，统一组织；面试由人事司、相关司局负责人、外部测评专家共同组成考官组，以司局为单位组织实施。笔试和面试成绩各按50%的比例计入总成绩，心理测评结果只作参考。

在测评过程中，假设考官A对张某和其他几位应试者在合作共事能力方面的打分情况见表12-2。

表 12-2　合作共事能力（A）评分表

团队精神（A1）		
习惯于从自身出发思考问题，缺乏主动协作的意愿，忽视团队的需要和目标	1　2　3　4　5	能站在团队的角度思考问题，充分关注团队、需要和目标，有主动协作的意愿，并甘于为团队牺牲自己
相互协作（A2）		
无视别人的需要，不能主动配合工作，团体任务上协作起来比较难	1　2　3　4　5	善于协调、协作，互相调动工作热情，始终围绕团队任务互相配合，保证团队目标的顺利实现
分担责任（A3）		
在错误和失败面前，把责任推给别人，为自己推脱；不能主动承担责任，在个人利益与团队利益发生冲突的时候，首先考虑自己	1　2　3　4　5	勤于自省，不断发现和矫正自己，能主动承担责任，维护组织权益，不让组织利益受到损失

测评小组评分方法：

☐结构化面试　　☐小组讨论　　☐公文筐测试

☐演讲　　☐角色扮演　　☐其他

测评对象姓名	孙某	赵某	钱某	李某	张某	平均分
团队精神（A1）	3	4	3	3	4	3.4
相互协作（A2）	4	3	4	3	4	3.6
分担责任（A3）	2	5	4	5	5	4.2
合作共事能力（A）得分 [A=（A1+A2+A3）/3]	3	4	3.7	3.7	4.2	3.7
签字与日期	考官签字：　　　　　日期：					

　　张某通过了资格审查，先后经过司里全体人员参加的民主测评，部里统一组织的笔试、面试等环节后，综合排名第一被列为考察对象。经过组织考察和公示等环节，张某最终胜出，走上了综合处副处长的工作岗位。

案例二：基于民主推荐的领导选任

一、案例背景

2014年年底，河南省财政厅有4名正处级实职、6名调研员先后到龄。采取什么样的方法选人补缺，当时厅里有两种意见。一种是继续采用老办法，像以前那样，先大会无记名投票推荐，再由党组研究确定。这样有大会推荐做基础，便于按得票多少做出决定，也不会引起矛盾。另一种是探索使用新方法，先由处长以上的领导干部实名推荐，党组在个别谈话的基础上形成推荐人员名单后提交大会民主测评。这样会使民主推荐程序更严谨、更科学、更富有质量。

两种意见各有道理，需要党组成员达成新的共识。2014年11月27日，厅党组召开会议，研究审定向省委组织部提交的《关于对厅机关及厅属单位空缺的部分正处级职位进行调整补充的报告》。党组"一班人"再次重温全国组织工作会议精神，特别是深入学习了习近平总书记关于选人用人的重要论述，大家都有了心明眼亮的感觉。党组书记、厅长朱焕然深切地说，总书记一贯倡导"要坚持党管干部的原则，坚持正确的用人导向""健全考察机制和办法""把好干部及时发现出来、合理使用起来"，这为我们的干部工作改革指明了方向。大家一致认为，探索使用新的民主推荐方法，更有利于发挥党组的领导把关作用，有利于强化处级以上领导在干部考察识别中的责任担当，有利于构建有效管用、简便易行的选人用人机制，使各方面优秀干部充分涌现。该报告得到省委组织部同意。12月2日起，他们启动了《河南省财政厅正处级干部选拔任用工作实施方案》。

二、主要程序

2014年12月，河南省财政厅选拔任用3名正处实职干部和6名调研员，

过程如下:

（一）动议

1. 省财政厅人事教育处根据机构编制和人员情况，梳理省财政厅厅机关和厅属单位的处级职数配备与空缺情况，报分管厅领导、厅长。

2. 根据工作需要和省财政厅干部队伍建设实际，厅人事教育处提出启动干部选拔任用工作意见，并就选拔任用的职位、条件、范围、方式、程序等提出初步建议。

3. 11月27日，省财政厅向省委组织部提交《关于对厅机关及厅属单位空缺的部分正处级职位进行调整补充的报告》，征求省委组织的意见。省委组织部同意。

4. 12月2日下午3点，厅党组召开会议，研究决定对空缺的部分正处级岗位进行调整补充，通过厅人事教育处提交的《河南省财政厅正处级干部选拔任用工作实施方案》。会后，印发方案。

（二）谈话推荐

1. 12月2日下午4点（紧接着厅党组会议），由考察组与厅机关正处实职干部和厅属单位主要负责人进行谈话推荐。

厅人事教育处提供符合条件的干部名册，正处实职人选中120名，调研员人选19名。

推荐人（共50人）从干部名册中，按正处实职拟选任职数1∶2的比例推荐8名正处实职人选，调研员1∶1的比例推荐6名调研员人选。在谈话的同时，推荐人署名填写推荐表。

考察组成员：省财政厅党组成员、财政监督检查局局长（副厅级）岳文华，副巡视员张雪花，人事教育处处长侣洪恩。

2. 12月2日晚上，考察组汇总处长们的谈话推荐情况，并向厅长报告。

3. 12月3—5日，厅长与其他各位厅领导逐一进行谈话推荐，人事教育处向其他各位厅领导提供干部名册和处长们的谈话推荐情况（按得票高低排序，不含具体票数）。

4.经过厅长与其他各位厅领导进行充分酝酿，参考谈话推荐情况，结合干部德才条件、一贯表现、与空缺职位的匹配度，综合分析研判。12月8日召开厅党组会议，按照1：1的比例研究确定3名正处实职、6名调研员初步人选名单。

（三）会议推荐

1.12月9日上午，省财政厅组织召开厅机关副处级以上干部及厅属单位班子成员会议，将厅党组研究确定的初步人选名单提交大会进行推荐。参会人员（共156人）若不同意初步人选名单中的人选，也可推荐其他符合条件的人选。

2.12月9日中午，厅人事教育处汇总会议推荐情况，并向厅长报告。

（四）确定考察对象

1.12月9日下午，召开厅党组会议，根据谈话推荐、会议推荐情况和工作需要、岗位要求以及干部特长，按照选任职位1：1的比例，研究确定3名正处实职、6名调研员考察对象。

2.12月9日下午，厅人事教育处按规定公示考察对象。公示期间（12月9—11日），没有不良反映。

（五）组织考察

1.12月10—11日，考察组分别听取分管厅领导和厅办公室、人事教育处、机关党委、监察室等综合处室主要负责人对考察对象的意见，并到考察对象所在处室（单位）对考察对象的德、能、勤、绩、廉进行全面考察。

考察组成员：人事教育处有关同志。

2.12月9日，人事教育处书面征求驻厅纪检组意见。驻厅纪检组反馈，没有发现问题。

（六）研究确定任职人选

12月11日，召开厅党组会议，根据民主推荐、组织考察情况和工作需要、岗位要求以及干部特长，结合现职干部轮岗交流，按照人岗相适原则研究确定新选任干部具体岗位。

（七）公示和任职

1. 12月11日，人事教育处对任职人选进行任前公示。公示期间（12月12—18日），没有不良反映。

2. 12月11日，厅党组印发任职文件。人事教育处按规定办理任职手续。

3. 12月19日，受厅党组委托，厅党组成员、财政监督检查局局长岳文华同志和厅党组成员、纪检组长栗金强同志对提任的正处级干部和交流的处级干部一并进行任职谈话和廉政谈话。

三、典型事例

2014年12月2日下午，河南省财政厅50名处长以上职务的领导干部接到厅办公室临时通知，4点准时到会议室开会。这次开会干什么，事前谁都不知道。来到会议室后发现，承办会议的职能部门是人事教育处，会场还放置了手机信号屏蔽仪，大家立时明白了八九分，这次会议肯定与众人关注、极为敏感且保密性强的干部任用有关。

大家就座后，朱焕然厅长和厅党组成员、财政监督检查局局长岳文华来到会场。朱厅长开门见山地说："厅党组会议刚刚结束，做出了《调整补充部分空缺处级职位》的决定，今天这次会议，就是让大家填写推荐表。我们厅现有4名正处实职、6名调研员需调整补缺。一会儿，人事教育处提供一份符合条件的《干部名册》，里面有正处人选120名，调研员人选19名。大家按正处实职拟选任职数1∶2的比例推荐8名人选，按调研员拟选任职数1∶1

的比例推荐 6 名人选。特别要申明的是，过去我们推荐干部都是无记名的方法，这次采用实名举荐的方法，也就是在座的要署名填写推荐表。对各位的推荐票，我都会逐个认真地看。请大家在推荐人选时，要从大局出发，要出于公心，要能体现出我们良好的知人识人水平和敢于担当的精神。"

"从群众无记名投票到在座的实名举荐，是提高选人用人质量的有效举措"，岳文华局长详释了这次改革的初衷。根据厅党组决定，他和副巡视员张雪花、人事教育处处长佀洪恩等组成考察组，全程负责这次干部选任。她明确告诉大家，厅党组研究认为，过去那种让全厅人员参与无记名投票推荐干部的方法，确实存有一些弊端，表面上看是发扬了民主，听取了群众意见，实则很多人平时没有业务上的来往，相互都不认识、不熟悉、不了解，所以在投票时会出现三种情况：一是随便画钩，二是有的只对身边熟悉的人画钩，三是有的受拉票人的左右画钩。因此得出的群众公论，常常是不集中甚至是不公道的。这次让处长以上领导干部来投票推荐，他们大都经历过多个岗位，接触面相对广一些，对具备提升资格的人员比较熟悉，所推荐的意见会更精到、更准确。特别是采用实名举荐的方法，大家投票之前都会掂量一下。

面对《财政厅部分空缺处级职位推荐表》，参与推荐者都觉得手中的笔沉甸甸的。首先，强化了责任意识。国库支付局局长李铭的感觉，代表了大家的心思。她一听要实名推荐，当时想得最多的就是一要有责任心，二要有公心。她觉得，在推荐别人的时候，其实也是在公开表明自己的立场。过去大家都参加投票，体现不出处级以上负责人的作用，现在要求他们在干部选拔任用上起积极作用，既要对推荐对象负责，也要对党组负责，切实把群众公认、事业需要、党组认可的好干部推荐出来。其次，强化了"双考"意识。国库处处长马洪斌面对推荐表想到的是，过去无记名推荐干部，主要是考核被推荐者，如今实名填写推荐表，对推荐者也是一种考验，一种考试。一个领导在推荐干部时有没有站在大局的角度，站在财政事业发展的角度，站在厅党组的角度看问题，全部都在推荐表中反映了出来。特别是填完推荐表后还有一道程序，考核组要同参与投票的人逐个谈话，听取推荐理由，这无形中也是一种压力。不仅是马洪斌，绝大多数参与实名举荐的同志都有这种心态。大家在填写推荐表时，不是看被推荐者是否与自己熟悉，主要看其能力素质是否适合岗位的需求，谁去哪个岗位，这个人有什么特点，适合不适合这个岗位，反复权衡后方才落笔。用他们的话说，这既是对他人负责，也是对自己负责。再次，强化了全局意识。农业综合开发办公室副主任张淑杰说，不管是实名推荐还是非实名推荐，都应当站在全局的高度看问题，跳出小圈子和局部利益的羁绊，该推荐谁就推荐谁。他的一名直接下属工作表现很优秀，但因年龄偏大，处在可推荐可不推荐的边缘，他没有受感情左右，而是从全厅范围内衡量，优中选优，推荐了其他单位的干部。事后了解得知，站在全局的高度推荐干部，是每个处级以上领导干部的自觉行动。最后，强化了准确意识。提高干部推荐的准确性，成为大家共同的追求目标。因为按照程序规定，处级以上干部实名推荐后，厅党组汇总大家的意见，研究提出初步人选名单，再进行更大范围的大会民主测评。这样，谁推荐的干部准确，谁被党组采纳的概率就高，参与大会民主测评的机会就多，这也是无形的竞争。马洪斌处长参加大会民主测评时，发现自己实名推荐的拟提升干部，有4名被党组列入了大会民主测评人选，成功率接近一半。他在事后总结说："下次还要继续努力，力求推荐得更准确。"

四、几点经验

2014年1月，中共中央颁布了新修订的《党政领导干部选拔任用工作条例》，河南省财政厅党组多次召开专题会议深入学习理解，他们达成的共识是：要想把该条例贯彻落实好，就要坚持选用"好干部"的鲜明态度，规范选拔"好干部"的有效程序，让干得好、作风正的干部选得上、出得来，把合适的人用到合适的岗位上。为此，他们从改进民主推荐方法入手，对干部选拔任用工作进行了系统谋划和改革探索。

（一）重"票"而不"唯票"，充分发挥党组织的领导和把关作用

这次处级领导干部选任在程序设计上，充分体现党管干部原则，突出厅

党组的领导和把关作用，切实做到了"重票"而"不唯票"。在处长以上干部实名推荐程序完成后，朱厅长以大家推荐的结果为基础，分别征求副厅长和厅党组成员、副巡视员们的意见，请他们根据自己平日的了解和观察推荐拟选任人选。听完大家的推荐意见后，朱厅长再找副厅长们酝酿，形成初步人选名单，然后召开党组会议研究，形成推荐人员名单。在集体讨论过程中，厅党组十分慎重，既考虑干部的德才表现，也考虑岗位的匹配性需求。原来确定四个处长岗位，由于有一个岗位没有合适人选，最后只确定了三个处长推荐人选，体现了审慎严格、宁缺毋滥的要求。在大会民主测评中，大家对厅党组确定的人选十分认可，没有另提人选的情况。

（二）重"评时"不忘"平时"，让民主推荐步入常态化轨道

近年来，该厅积极探索实践有利于听取民意的干部考核评价机制，初步建立了一套指标完备、内容全面、程序严密、易于操作的机关绩效考核体系。用厅党组成员的话说，既要重"评时"，更要重"平时"。他们根据厅机关处室和厅属单位的不同职能，划分为综合类管理处室、支出类管理处室、监督检查类处室和管理类厅属单位、业务类厅属单位五种类别，分类设置考核指标，并把这些指标公示于众，以便在民主测评、民主推荐时把握好尺度。自2014年以来，为加强对干部队伍的分析研判，他们对干部考核工作进一步做了调整和完善，使民主推荐步入了常态化轨道。一是改进年度考核测评方式，调整考核要素及分值，突出对年度重点工作、财税改革任务、财政监督与责任追究等方面的民主测评，进一步增强了年度考核工作的科学性、针对性和准确性。二是增加到处室（单位）进行个别谈话环节，主要向群众了解处室（单位）领导班子运转情况、班子成员的主要表现以及对班子建设、班子成员的意见和建议，以增强对干部平时情况的了解。三是增加推荐优秀干部环节，在述职述廉大会上，组织大家推荐优秀正处级干部、副处级干部、主任科员，拓宽了解干部平时情况的渠道。

（三）重"推荐"更重"培养"，强化对干部的经常性教育管理

财政厅探索改进民主推荐方法，形成了把好干部推荐出来的良好机制。同时他们还清醒地认识到，好干部不仅靠民主推荐出来，更要靠组织培养出来。只有注重对干部的经常性教育监督管理，激励大家把"好干部"的形象树起来，才能为干部选用时的民主测评奠定坚实基础。所以，他们既重视抓民主推荐方式的改进，更重视抓干部培养机制的完善。自2014年以来，他们坚持以培养"信念坚定、为民服务、勤政务实、敢于担当、清正廉洁"的好干部为目标，结合财政工作实际，扎实推进干部教育培养工作改革创新，不断强化日常监督管理。一是加大教育培训力度。积极转变干部教育培训思路和理念，突出机关，兼顾系统，综合为主、互融贯通，改变以往业务处室分头培训的传统模式，按照不同层级干部需求分类施训。去年该厅先后举办7期岗位培训班，累计培训540余人次，实现了厅机关干部培训的全覆盖，干部综合素质明显提升。二是加大实践锻炼力度。在省委组织部等部门的大力支持下，该厅选派干部参加援疆、驻村帮扶、省委巡视等工作，到省信访局、产业集聚区、党外代表人士实践锻炼基地、兰考县等地方和单位挂职锻炼，不断拓宽干部锻炼渠道，丰富干部工作经历，增强干部解决复杂问题的能力。三是全面落实党风廉政建设"两个责任"。研究制定《厅党组关于落实党风廉政建设主体责任和监督责任的实施办法》，明确了厅党组、党组书记、班子成员、各处室（单位）领导班子、主要负责人、班子成员6个层次的具体责任和任务分工，建立履行主体责任任务清单制度、签字背书制度、年度报告制度、述职述廉和评议制度，为落实"两个责任"提供了制度保障。举办全省财政系统落实"两个责任"全面推进党风廉政建设研讨班，层层传导压力，推动"两个责任"的落实。四是强化监督和责任追究。在这次调整补充处级干部工作中，从干部调整动议、方案制定、民主推荐、研究初步人选、组织考察、确定任职人选等干部选拔任用全过程，均邀请驻厅纪检组监督；在组织考察环节，书面征求驻厅纪检组、监察室对考察对象的廉政意见，

确保纪检监察机构职能作用的发挥和选人用人的公信度。制定《财政厅巡察工作实施办法（试行）》《财政厅工作人员廉洁从政若干规定》，修订《财政厅党员干部问责暂行办法》，严明纪律要求和责任追究。对厅属单位个别干部顶风违纪问题，严肃查处并在全省财政系统进行通报，强化警示教育。五是对新调整的处级干部进行任职谈话和廉政谈话。凡是新提任和交流任职的干部，都要进行一次任职谈话和廉政谈话，增强新任职干部的勤政和廉政意识，为他们上岗后认真履职、廉洁自律奠定良好思想基础。

第十三章
企业领导人员选拔的实践案例

案例一：中央企业领导人员公开遴选

为贯彻《中共中央关于全面深化改革的决定》和《中共中央国务院关于深化国有企业改革的指导意见》精神，落实国有企业董事会依法行使选人用人权，完善现代企业制度。2015 年 9 月，国资委先后以新兴际华集团和宝钢集团两家中央企业为试点，分别开展了董事会选聘总经理、公开遴选副总经理工作。此次公开遴选是由国资委企干二局、企干一局搭建统一平台，集中任务焦点，综合多方面力量进行。国家行政学院领导人员考试测评研究中心作为第三方专业测评机构，在测评方法工具提供技术支撑。

在测评方法上，主要采取了面谈的方式。依据不同职位中央企业领导人员不同的测评要素，我们有针对性地选取深度面谈，多角度地反映竞争者的能力素质。在面谈考官队伍上，为了使测评效度最优化，请经验丰富的中央企业主要负责人担任评委，尽可能深入地考察挖掘竞争者的能力与潜力。

国资委主任张毅同志在听取新兴际华集团总经理选聘工作的汇报时，高度肯定了选聘试点工作，指出要在中央企业中扩大范围，加大市场化选聘力度。国资委副主任刘强同志在《中共中央国务院关于深化国有企业改革的指导意见》专题学习班上指出，新兴际华集团和宝钢集团两家央企董事会选聘高级经营管理者的试点工作，是落实该指导意见的有力举措，是央企人事改革的一小步，也是国企改革的一大步，要通过试点加快推进改革。

案例二：建信信托高级管理人员全球招聘

一、案例背景

建信信托有限责任公司（以下简称建信信托）是经中国银监会报请国务院批准，由中国建设银行投资控股的非银行金融机构，2009 年 8 月公司正式重组运营，2011 年公司成为由中国银监会直接监管的 8 家信托公司之一。截至 2015 年年末，公司信托资产推磨达 10968 亿元（人民币，下同），于信托行业内排名第一；实现净利润 11.9 亿元，人均净利润 442 万元；近两年公司为社会投资者累计创造收益达 1099 亿元，同时期固有资产不良率保持为零。

建信信托秉承"诚信、审慎、求新、共赢"的核心价值观，融合中国建设银行在品牌、渠道、管理以及项目资源上的强大优势，市场营销、产品创新能力不断提升；信托、固有两大业务体系协同并进；投资、融资功能不断完善；内控水平、风控体系显著加强；高素质核心业务团队成长迅速，具备了积极推动理财专业化、投资多元化的不断满足投融资各方金融需求的市场专业能力，从而为真正实现——"为客户提供优质服务，为股东创造最大价值，为员工搭建广阔平台，为社会承担应尽责任"的现代化金融企业的发展目标奠定了坚实的基础。

为更好地促进建信信托有限责任公司转型发展和市场化改革，打造一支勇于创新、敢于担当、勤于思考、严于律己的职业经理人队伍，根据《建信信托市场化改革方案》总体要求，建信信托面向全球英才开放三个高级管理职位（首席资产管理官、首席投资官、首席风险官）。根据此次招聘的任务要求，制定了《招聘考试实施方案》。

二、主要做法

按照招聘实施方案，查阅大量的文献和公司文件资料，并对公司及其股东方进行深入调研访谈，组织相关专家集中封闭制试题，并组织两轮面试，确定候选人。在选拔测评的方法上，主要运用了资历评价、面试等，主要选拔过程如下。

（一）召开启动会

根据公司市场化改革的整体部署安排，由股东方代表（总行领导，建行党委组织部、股权部、合肥市委组织部有关领导）召开公司中层及以上人员会议，宣布启动公司高管人员市场化招聘工作，同意高管人员市场化招聘方案，明确招聘领导小组成员构成等相关事宜。

（二）发布公告

面向建行系统发布招聘公考（附录）。委托建行总行人力部通过内部网站、邮件等多种形式发送建行全辖。

面向社会发布招聘公告。按照《高级管理人员全球公开招聘媒体宣传方案》（附录），委托第三方机构通过门户网站、招聘网站、自媒体、金融报刊，以及境外知名金融媒体等进行发布。

（三）简历接收与资格审查

应聘人员填写《建信信托有限责任公司应聘登记表》（附录），并在规定时间内发送至指定邮箱，每人限报一个职位。公司人力部负责受理报名工作。

邀请股东方派人（建行总行人力部、合肥市委组织部）参与应聘人员资格审查工作，确定符合条件人员名单。公司人力部于专业面试5天前向通过审核的应聘人员发送专业面试通知。原则上每个职位应聘人数不得少于5人。

（四）资历评价

对应试者进行严格的资格审查和资历分析评价，确定后续进入专业面试和综合面试的人选。

（五）专业面试

专业评委组按照应聘职位分为4组，每组设5名评委。邀请建行总行专家、银监会专家等组成，负责专业面试评价工作。

专业面试满分为100分，共5道专业题。采用"一对一专业访谈"形式开展，5名评委分别与应聘人员进行访谈。每名评委负责提问指定的相同专业题，并开展深入交流，每位评委面试时间原则上不超过15分钟。

专业面试委托建行总行人力部牵头，邀请国家行政学院领导力考试测评中心专家、总行专家、外部专家共同命题，首席资产管理官和首席投资官共用一套试题，首席风险官单独一套试题，每套试题分为A、B卷两套题目，试题就建信信托发展战略、重点信托业务等相关内容作为参考素材进行命题。考题于面试前一天印刷密封，面试当天带至考场，由监督组现场随机抽取一套试题使用。

评委现场填写《专业面试评价表》（附录），从专业水平、理论深度、创新思维、表达逻辑等方面，按照"优秀、良好、一般"三个等级进行评价。在分项评价等基础上形成总体评分，标准分为三个等级：

（1）90分（含）以上，优秀；

（2）75分至90分，良好；

（3）75分（含）以下，一般。

取所有评委评分的算术平均值作为专业面试最终得分。根据专业面试成绩由高到低，取前3名进入综合面试。

面试顺序以现场抽签方式确定，监督组负责整个专业面试工作的监督。

通过专业面试的建行系统内应聘人员委托建行总行党委组织部履行相应

考察程序，出具综合鉴定；非建行系统内的应聘人员委托第三方专业机构进行背景调查，反馈调查报告。

（六）综合面试

综合评委组设 8 名评委，邀请股东方代表（建行总行人力部、股权部、公司部、资管部负责人各 1 名；合肥市委组织部、国资委负责人各 1 名）和公司董事长、总裁组成，负责综合面试评价工作。

综合面试满分为 100 分，包括个人陈述和回答指定试题两部分，其中个人陈述 5 分钟，回答指定试题 25 分钟，指定试题采取"3+N"的方式，即 3 道综合面试必答题和若干道随机提问或深入交流问题。

综合面试委托建行总行人力部牵头，邀请国家行政学院领导力考试测评中心专家及其他外部专家命题。3 个职位均用同一套综合面试试题，试题分为 A、B 卷两套题目，考题于面试前一天印刷密封，面试当天带至考场，由监督组现场随机抽取一套试题使用。

评委现场填写《综合面试评价表》（附录），从经验与业绩、战略匹配度、职业素质、岗位专业能力、团队建设、答辩情况等方面，按照"优秀、良好、一般"三个等级进行评价。

在分项评价等基础上形成总体评分，标准分为三个等级：

（1）90 分（含）以上，优秀（优先考虑）；

（2）75 分至 90 分，良好（作为备选）；

（3）75 分（含）以下，一般（暂不考虑）。

在面试评委的评分中，去掉一个最高分和一个最低分后，取算数平均值作为综合面试最终得分。

面试顺序以现场抽签方式确定，监督组负责整个综合面试工作的监督。

参加综合面试的应聘人员由公司人力部组织体检。

（七）提出建议人选

公司原则上按照综合面试得分从高到低排序，提出建议人选，经领导小组审核后，报请股东方（建行、合肥）确认。

股东方履行内部程序，确认每个职位1名提名人选并反馈公司。

公司总裁依据股东方确认意见提出议案，由公司提名与薪酬委员会审核同意后，提交公司董事会研究确定拟聘人选，并履行相应程序。

三、效果反馈

专业面试题目共两套，每套题目均从智力水平、专业知识水平以及心理测试3个方面对26个应聘者进行了初筛，有10人通过专业面试，通过率为38.46%。

综合面试题目共两套，每套题目根据集团领导对该岗位的能力需求进行针对性出题，每个岗位有4人参加面试，1人通过。

此次公开招聘最终通过综合面试的候选人，符合集团对该岗位的各项素质要求，以及各部门直接领导对其的基本要求，胜任工作岗位。

附录
有关领导选任的政策文件

公开选拔党政领导干部工作暂行规定（中办发〔2004〕13号）

第一章　总则

第一条　为进一步规范和完善公开选拔党政领导干部工作，推进干部工作的科学化、民主化、制度化，促使优秀人才脱颖而出，根据《党政领导干部选拔任用工作条例》和有关法律、法规，制定本规定。

第二条　公开选拔是党政领导干部选拔任用方式之一。

本规定所称的公开选拔党政领导干部，是指党委（党组）及其组织（人事）部门面向社会采取公开报名，考试与考察相结合的办法，选拔党政领导干部。

第三条　公开选拔党政领导干部工作必须遵循《党政领导干部选拔任用工作条例》规定的原则，坚持公开、公平、公正，坚持考试与考察相结合。

第四条　公开选拔适用于选拔地方党委、人大常委会、政府、政协、纪委工作部门或者工作机构的领导成员或者其人选，以及其他适于公开选拔的领导成员或者其人选。

涉及国家安全、重要机密等特殊职位，不宜进行公开选拔。

第五条　公开选拔党政领导干部应当根据领导班子和干部队伍建设的需要，有计划地进行，逐步做到经常化、制度化。

有下列情形之一的，一般应当进行公开选拔：

（一）为了改善领导班子结构，需要集中选拔领导干部；

（二）领导职位空缺较多，需要集中选拔领导干部；

（三）领导职位出现空缺，本单位无合适人选；

（四）选拔专业性较强职位和紧缺专业职位的领导干部；

（五）其他需要进行公开选拔的情形。

第六条 公开选拔工作应当经过下列程序：

（一）发布公告；

（二）报名与资格审查；

（三）统一考试（包括笔试和面试）；

（四）组织考察，研究提出人选方案；

（五）党委（党组）讨论决定；

（六）办理任职手续。

第七条 公开选拔工作在党委（党组）领导下，由组织（人事）部门组织实施。

公开选拔工作应当坚持从实际出发，制定合理的工作方案，提高科学化水平，降低成本。

第二章 公告、报名和资格审查

第八条 公开选拔应当在适当范围内发布公告。公告内容包括选拔职位以及职位说明、选拔范围、报名条件与资格、选拔程序和遴选方式、时间安排等。

第九条 公开选拔应当在调查研究和分析预测的基础上，根据选拔职位的层次、人才分布情况和国家有关政策，合理确定报名人员的范围。

第十条 报名人员应当符合《党政领导干部选拔任用工作条例》规定的基本条件和任职资格。在国有企业、事业单位工作的报名人员，应当具备与所报职位要求相当的资格。

对有特殊要求的职位，可以附加其他条件。

第十一条 根据选拔职位对人才的需求和选拔优秀年轻干部的需要，可以对报名人员的职务层次、任职年限等任职资格适当放宽。但报上一级职位的，需在本级职位任满一年；越一级报名的，应当在本级职位任满四年；不得越两级报名。

第十二条 海外留学回国人员、非公有制经济组织和社会组织中的人员等，其报名条件和资格由组织实施公开选拔的党委（党组）及其组织（人事）部门根据有关政策确定。

第十三条 报名人员通过组织推荐或者个人自荐等方式报名，并填写报名登记表。报名登记表一般应由所在单位组织（人事）部门审核。

第十四条 组织（人事）部门按照公布的报名条件和资格进行资格审查，审查合格者准予参加笔试。经资格审查合格参加笔试的人数与选拔职位的比例一般不低于10∶1。

第三章　考试

第十五条　考试分为笔试和面试。笔试主要测试应试者对领导干部应具备的基本理论、基本知识、基本方法和专业知识的掌握程度，特别是运用理论、知识和方法分析解决领导工作中实际问题的能力。面试主要测试应试者在领导能力素质、个性特征等方面对选拔职位的适应程度。

第十六条　笔试、面试依据《党政领导干部公开选拔和竞争上岗考试大纲》命题。命题前应当进行职位分析，增强命题的针对性。试题一般从全国领导干部考试通用题库以及经认定合格的省级组织部门题库中提取。

第十七条　笔试分为公共科目考试和专业科目考试，采用闭卷方式进行。

第十八条　根据笔试成绩，从高分到低分确定面试人选。面试人选与选拔职位的比例一般为 5∶1。

第十九条　面试应当根据需要选择适当的测评方法，注重科学性。

第二十条　面试由面试小组负责考试和评分。面试小组由有关领导、专家、组织人事干部等人员组成，一般不少于 7 人。

同一职位的面试一般由同一面试小组负责考试和评分。

第二十一条　面试小组成员应当具有较高的思想政治素质，公道正派，并熟悉人才测评工作。面试小组中必须有熟悉选拔职位业务的人员。面试小组成员要实行回避制度。面试前应当对面试小组成员进行培训。

第二十二条　根据笔试、面试成绩确定应试者的考试综合成绩。

第二十三条　笔试、面试成绩和考试综合成绩应当及时通知应试者本人，并在适当范围内公开。

第二十四条　市（地）、县（市）公开选拔党政领导干部，条件允许时可以由上一级党委组织部门统一组织考试。

第四章　组织考察

第二十五条　根据考试综合成绩，从高分到低分确定考察人选。考察人选与选拔职位的比例一般为 3∶1。

第二十六条　组织（人事）部门依据干部选拔任用条件和选拔职位的职责要求，坚持德才兼备原则，对考察对象的德、能、勤、绩、廉进行全面考察，对是否适合和胜任选拔职位作出评价。要注重考察工作实绩和群众公认程度。

第二十七条　实行考察预告制。将考察对象的简要情况、考察时间、考察组联系方式等，向考察对象所在工作单位或者向社会进行预告。

第二十八条　考察采取个别谈话、发放征求意见表、民主测评、实地考察、查阅资料、专项调查、同考察对象面谈等方法进行。

第二十九条　同一职位的考察对象，应当由同一考察组考察。

第三十条　跨地区、跨部门的考察，考察对象所在单位的组织（人事）部门，应当积极支持和配合，并出具鉴定材料。

第五章　决定任用

第三十一条　组织（人事）部门根据考察情况和考试成绩，研究提出任用建议。

第三十二条　按照干部管理权限，由党委（党组）集体讨论作出任用决定，或者决定提出推荐、提名的意见。

党委（党组）集体讨论认为无合适人选的，该职位选拔可以空缺。

第三十三条　对党委（党组）决定任用的干部和决定推荐、提名的人选进行公示。公示后，未发现影响任用问题的，办理任职手续或者按照有关规定推荐、提名，并向社会公布选拔结果。

第三十四条　对公开选拔任用的干部实行一年的试用期。试用期满后，经考核胜任的，正式任职；不胜任的，免去试任职务，一般按试任前职务层次安排工作。

不适用试用期制的干部，任职一年后经考核不胜任的，提出免职意见。

第三十五条　对经过考察符合任用条件但未能任用的人员，符合后备干部条件的，可以纳入后备干部队伍进行培养。

第六章　纪律和监督

第三十六条　公开选拔党政领导干部必须遵守以下纪律：

（一）确保公开、公平、公正，不准事先内定人选；

（二）严格按照公开选拔工作方案规定的内容和程序操作，不准在实施过程中随意更改；

（三）报考人员要自觉遵守公开选拔工作的有关规定，不准弄虚作假，搞非组织活动；

（四）有关单位要客观、全面地反映和提供考察对象的真实情况，不得夸大、隐瞒或者歪曲事实；

（五）工作人员要严格遵守干部人事工作纪律，特别要严格执行保密制度和回避制度，不准泄露考试试题、评分情况、考察情况、党委（党组）讨论情况等。

第三十七条　对公开选拔工作要加强监督。必要时，成立由纪检机关（监察部门）等有关方面组成的监督小组，对公开选拔工作进行监督。

对公开选拔工作中的违纪行为，干部、群众可以向上级组织（人事）部门或者纪检机关（监察部门）检举、申诉。受理机关和部门应当按照有关规定认真核实处理。

第三十八条　对违反本规定第三十六条的，要按照有关规定给予相应的党纪政纪处分。

第七章　附则

第三十九条　各省、自治区、直辖市党委组织部门可以根据本规定，结合本地实际，制定实施细则。

第四十条　公开选拔工会、共青团、妇联等人民团体的领导成员推荐人选和国有企业、事业单位的领导人员，可以参照本规定执行。

第四十一条　本规定由中共中央组织部负责解释。

第四十二条　本规定自发布之日起施行。

党政机关竞争上岗工作暂行规定（中办发〔2004〕13号）

第一章　总则

第一条　为进一步规范和完善党政机关领导干部选拔任用制度，推进干部工作的科学化、民主化、制度化，促使优秀人才脱颖而出，根据《党政领导干部选拔任用工作条例》《国家公务员暂行条例》和有关法律、法规，制定本规定。

第二条　竞争上岗是党政领导干部选拔任用的方式之一。

本规定主要适用于选拔任用中央、国家机关内设的司局级、处级机构领导成员，县级以上地方各级党委、人大常委会、政府、政协、纪委、人民法院、人民检察院机关或者工作部门的内设机构领导成员。

涉及重要机密和国家安全的职位，按照法律、法规不宜公开竞争的职位，不列入竞争上岗的范围。

第三条　通过竞争上岗选拔党政机关内设机构领导成员，一般在本机关内部实施，也可根据需要允许所属机关、事业单位符合条件的人员参加。

第四条　竞争上岗工作必须坚持《党政领导干部选拔任用工作条例》规定的原则，坚持公开、公平、公正，坚持考试与考察相结合，坚持个人意愿与组织安排相结合。

第五条 竞争上岗必须在核定的编制和领导职数限额内进行。

第六条 竞争上岗一般应当经过下列程序：

（一）制定并公布实施方案；

（二）报名与资格审查；

（三）笔试、面试；

（四）民主测评、组织考察；

（五）党委（党组）讨论决定；

（六）办理任职手续。

笔试、面试与民主测评的操作顺序，可根据实际情况确定。

第七条 党政机关竞争上岗工作在本单位党委（党组）领导下，由干部（人事）部门组织实施。

第二章 制定方案、报名与资格审查

第八条 竞争上岗应当制定实施方案。实施方案内容包括指导原则、竞争职位、任职条件、选拔范围、方法程序（含遴选方式）、时间安排、组织领导和纪律要求等。

实施方案应当征求干部群众的意见，由党委（党组）讨论决定。

第九条 实施方案确定后，应当将主要内容在本机关及所属有关单位公布。

第十条 参加竞争上岗人员的基本条件和资格应当符合《党政领导干部选拔任用工作条例》的有关规定以及竞争职位的要求。

第十一条 报名参加竞争上岗的人员，自愿填报竞争职位，可只报一个志愿，也可兼报其他志愿。报名时应填写是否服从组织安排。

在报名过程中，应当允许报名人员查询各职位报名情况，报名人员可在规定时间内调整所报职位。仅有个别人报名，形不成有效竞争的职位，可不列入本次竞争上岗的范围，允许报考该职位人员改报其他职位。

第十二条 干部（人事）部门按照竞争上岗实施方案规定的条件，对报名人员进行资格审查并公布结果。

第三章 笔试与面试

第十三条 竞争上岗应当进行笔试、面试并量化计分。笔试、面试可依据《党政领导干部公开选拔和竞争上岗考试大纲》命题。笔试、面试结束后应将成绩通知本人。

第十四条 笔试主要测试竞争者履行竞争职位职责所必备的基本知识以及调研综合、

办文办事、文字表达等能力。

笔试一般由本单位组织实施。有条件的地方，可由党委组织部门和政府人事部门统一组织。

第十五条　面试主要测试竞争者履行竞争职位职责所必备的基本素质和能力，应当根据需要采取适当的测评方法进行。

第十六条　面试由面试小组实施。面试小组一般由本单位领导、干部（人事）部门和相关单位领导及专家组成，一般不得少于7人，其中外单位人员应占一定比例。

面试小组成员应当挑选公道正派、政策理论或者专业水平高、熟悉相关业务的人员担任。面试小组成员要实行回避制度。面试前应当对面试小组成员进行培训。

面试应当允许本单位人员旁听。

第四章　民主测评与组织考察

第十七条　对竞争上岗人员应当进行民主测评并量化计分。民主测评结果应当通知本人。

第十八条　民主测评主要对竞争者的德才表现及其对竞争职位的适应程度进行评价，地方党政机关一般在机关全体工作人员中进行，单位规模较大、竞争者所在内设机构人员较多的，可在该内设机构中进行；中央、国家机关一般以司局为单位进行。

参加民主测评的人数必须达到应参加人数的80%以上。

第十九条　民主测评内容包括德、能、勤、绩、廉等项，每项可细分为若干要素，每个要素划分为若干档次，每档确定相应的分值，由参加测评人员无记名填写评价分数，由干部（人事）部门汇总计算每位竞争者的平均分数。

第二十条　考察对象一般通过综合遴选的方式择优确定，即竞争者参加笔试、面试、民主测评各个环节的竞争，依据总分高低，按照一定比例择优确定考察对象并公布名单以及最低入围分数。笔试、面试成绩和民主测评结果应当按照一定比例计入总分。

参加竞争的人数较多时，可通过逐轮遴选的方式择优确定考察对象。采用逐轮遴选方式，应当公布每轮遴选入围者的名单以及最低入围分数。民主测评在笔试、面试之后的，可与组织考察结合进行。

确定考察对象时，可适当考虑竞争者的资历、学历（学位）及近年来年度考核情况等因素。

第二十一条　对民主测评分数过低的人员，可不列为考察对象。民主测评在笔试、面试之前的，对民主测评分数过低的人员，可取消其参加笔试、面试的资格。

第二十二条 列入考察对象的人选数，应当多于竞争职位数。

第二十三条 考察工作由干部（人事）部门组织进行。考察要坚持德才兼备原则，考察内容包括考察对象的德、能、勤、绩、廉情况及其政治业务素质与竞争职位的适应程度，注重考察工作实绩和群众公认程度。

第五章 任职

第二十四条 党委（党组）根据竞争者笔试、面试、民主测评的结果和考察情况，集体讨论决定拟任人选。

决定人选拟任职位，应当尊重本人所报志愿。必要时，在听取本人意见的基础上，可由组织统一调剂。对没有合适人选的职位，党委（党组）可决定暂时空缺。

第二十五条 对拟任人选要按照任前公示的有关规定进行公示。

第二十六条 对通过竞争上岗任职的人员，需要进行任职试用的，按任职试用期的有关规定办理。

第六章 纪律与监督

第二十七条 竞争上岗必须严格执行《党政领导干部选拔任用工作条例》及本规定，并遵守下列纪律：

（一）要确保竞争上岗的公开、公平、公正，不准事先内定人选；

（二）要严格执行竞争上岗实施方案，不准在实施过程中随意更改；

（三）有关人员要严格遵守保密纪律，不准泄露考试试题、考察情况、党委（党组）讨论情况等；

（四）面试小组成员要客观公正，不准打人情分；

（五）参加考察的人员要公道正派，不准隐瞒或者歪曲事实真相；

（六）参加竞争的人员要正确对待竞争，不准弄虚作假，搞拉票等非组织活动。

对竞争上岗工作中的违纪行为，按照有关规定予以组织处理或者纪律处分。情节严重的，可宣布竞争上岗结果无效，并追究有关人员的责任。

第二十八条 党政机关竞争上岗工作必须接受上级党委及其组织（人事）部门的监督，接受上级纪检（监察）机关的监督，接受本单位机关党组织和纪检（监察）机构的监督，接受干部、群众的监督。干部、群众对竞争上岗工作中的违纪行为，有权向党组织或者组织（人事）部门、纪检（监察）机关检举、申诉。受理部门应当按照有关规定及时进行调查核实。

第七章　附则

第二十九条　工会、共青团、妇联等人民团体机关及乡（镇、街道）机关、事业单位实施竞争上岗，可参照本规定执行。

第三十条　本规定由中共中央组织部商人事部解释。

第三十一条　本规定自发布之日起施行。过去有关规定与本规定不一致的，以本规定为准。

党政领导干部选拔任用工作条例（2014）

第一章　总则

第一条　为认真贯彻执行党的干部路线方针政策，落实从严治党、从严管理干部的要求，建立科学规范的党政领导干部选拔任用制度，形成有效管用、简便易行、有利于优秀人才脱颖而出的选人用人机制，推进干部队伍革命化、年轻化、知识化、专业化，建设一支高举中国特色社会主义伟大旗帜，以马克思列宁主义、毛泽东思想、邓小平理论、"三个代表"重要思想和科学发展观为指导，信念坚定、为民服务、勤政务实、敢于担当、清正廉洁的高素质党政领导干部队伍，保证党的基本路线全面贯彻执行和中国特色社会主义事业顺利发展，根据《中国共产党章程》和有关法律法规，制定本条例。

第二条　选拔任用党政领导干部，必须坚持下列原则：

（一）党管干部原则；

（二）五湖四海、任人唯贤原则；

（三）德才兼备、以德为先原则；

（四）注重实绩、群众公认原则；

（五）民主、公开、竞争、择优原则；

（六）民主集中制原则；

（七）依法办事原则。

第三条　选拔任用党政领导干部，必须符合把领导班子建设成为坚持党的基本理论、基本路线、基本纲领、基本经验、基本要求，全心全意为人民服务，具有领导社会主义现代化建设能力，结构合理、团结坚强的领导集体的要求。

应当注重培养选拔优秀年轻干部，注重使用后备干部，用好各年龄段干部。

应当树立注重基层的导向。

第四条　本条例适用于选拔任用中共中央、全国人大常委会、国务院、全国政协、中央纪律检查委员会工作部门或者机关内设机构领导成员，最高人民法院、最高人民检察院领导成员（不含正职）和内设机构领导成员；县级以上地方各级党委、人大常委会、政府、政协、纪委、人民法院、人民检察院及其工作部门或者机关内设机构领导成员；上列工作部门内设机构领导成员。

选拔任用民族区域自治地方党政领导干部，法律法规和政策另有规定的，从其规定。

选拔任用参照公务员法管理的县级以上党委和政府直属事业单位和工会、共青团、妇联等人民团体及其内设机构领导成员，参照本条例执行。

上列机关、单位选拔任用非中共党员领导干部、处级以上非领导职务的干部，参照本条例执行。

第五条　本条例第四条所列范围中选举和依法任免的党政领导职务，党组织推荐、提名人选的产生，适用本条例的规定，其选举和依法任免按照有关法律、章程和规定进行。

第六条　党委（党组）及其组织（人事）部门按照干部管理权限履行选拔任用党政领导干部职责，负责本条例的组织实施。

第二章　选拔任用条件

第七条　党政领导干部应当具备下列基本条件：

（一）自觉坚持以马克思列宁主义、毛泽东思想、邓小平理论、"三个代表"重要思想和科学发展观为指导，努力用马克思主义立场、观点、方法分析和解决实际问题，坚持讲学习、讲政治、讲正气，思想上、政治上、行动上同党中央保持高度一致，经得起各种风浪考验。

（二）具有共产主义远大理想和中国特色社会主义坚定信念，坚决执行党的基本路线和各项方针政策，立志改革开放，献身现代化事业，在社会主义建设中艰苦创业，树立正确政绩观，做出经得起实践、人民、历史检验的实绩。

（三）坚持解放思想，实事求是，与时俱进，求真务实，认真调查研究，能够把党的方针政策同本地区本部门实际相结合，卓有成效开展工作，讲实话、办实事、求实效，反对形式主义。

（四）有强烈的革命事业心和政治责任感，有实践经验，有胜任领导工作的组织能力、文化水平和专业知识。

（五）正确行使人民赋予的权力，坚持原则，敢抓敢管，依法办事，清正廉洁，勤政为民，以身作则，艰苦朴素，勤俭节约，密切联系群众，坚持党的群众路线，自觉接受党和群众批评和监督，加强道德修养，讲党性、重品行、作表率，带头践行社会主义核心价值观，做到自重、自省、自警、自励，反对官僚主义，反对任何滥用职权、谋求私利的不正之风。

（六）坚持和维护党的民主集中制，有民主作风，有全局观念，善于团结同志，包括团结同自己有不同意见的同志一道工作。

第八条　提拔担任党政领导职务的，应当具备下列基本资格：

（一）提任县处级领导职务的，应当具有五年以上工龄和两年以上基层工作经历。

（二）提任县处级以上领导职务的，一般应当具有在下一级两个以上职位任职的经历。

（三）提任县处级以上领导职务，由副职提任正职的，应当在副职岗位工作两年以上，由下级正职提任上级副职的，应当在下级正职岗位工作三年以上。提任处级以上非领导职务的任职年限，按照有关规定执行。

（四）一般应当具有大学专科以上文化程度，其中厅局级以上领导干部一般应当具有大学本科以上文化程度。

（五）应当经过党校、行政院校、干部学院或者组织（人事）部门认可的其他培训机构的培训，培训时间应当达到干部教育培训的有关规定要求。确因特殊情况在提任前未达到培训要求的，应当在提任后一年内完成培训。

（六）具有正常履行职责的身体条件。

（七）符合有关法律规定的资格要求。提任党的领导职务的，还应当符合《中国共产党章程》规定的党龄要求。

第九条　党政领导干部应当逐级提拔。特别优秀或者工作特殊需要的干部，可以突破任职资格规定或者越级提拔担任领导职务。

破格提拔的特别优秀干部，应当德才素质突出、群众公认度高，并且符合下列条件之一：在关键时刻或者承担急难险重任务中经受住考验、表现突出、作出重大贡献；在条件艰苦、环境复杂、基础差的地区或者单位工作实绩突出；在其他岗位上尽职尽责，工作实绩特别显著。

因工作特殊需要破格提拔的干部，应当符合下列情形之一：领导班子结构需要或者领导职位有特殊要求的；专业性较强的岗位或者重要专项工作急需的；艰苦边远地区、贫困地区急需引进的。

破格提拔干部必须从严掌握。不得突破本条例第七条规定的基本条件和第八条第七项规定的资格要求。任职试用期未满或者提拔任职不满一年的，不得破格提拔。不得在任职年限上连续破格。不得越两级提拔。

第十条　拓宽选人视野和渠道，党政领导干部可以从党政机关选拔任用，也可以从党政机关以外选拔任用。地方党政领导班子成员应当注意从担任过县（市、区、旗）、乡（镇、街道）党政领导职务的干部和国有企事业单位领导人员中选拔。

第三章　动议

第十一条　党委（党组）或者组织（人事）部门按照干部管理权限，根据工作需要和领导班子建设实际，提出启动干部选拔任用工作意见。

第十二条　组织（人事）部门综合有关方面建议和平时了解掌握的情况，对领导班子进行分析研判，就选拔任用的职位、条件、范围、方式、程序等提出初步建议。

第十三条　初步建议向党委（党组）主要领导成员报告后，在一定范围内进行酝酿，形成工作方案。

第四章　民主推荐

第十四条　选拔任用党政领导干部，必须经过民主推荐。民主推荐包括会议推荐和个别谈话推荐，推荐结果作为选拔任用的重要参考，在一年内有效。

第十五条　领导班子换届，民主推荐按照职位设置全额定向推荐；个别提拔任职，按照拟任职位推荐。

第十六条　领导班子换届，民主推荐由同级党委（党组）主持，应当经过下列程序：

（一）召开推荐会，公布推荐职位、任职条件、推荐范围，提供干部名册，提出有关要求，组织填写推荐表；

（二）进行个别谈话推荐；

（三）对会议推荐和谈话推荐情况进行综合分析；

（四）向上级党委汇报推荐情况。

第十七条　领导班子换届，会议推荐由下列人员参加：

（一）党委成员；

（二）人大常委会、政府、政协党组成员或者全体领导成员；

（三）纪委领导成员；

（四）人民法院、人民检察院主要领导成员；

（五）党委工作部门、政府工作部门、人民团体主要领导成员；

（六）下一级党委和政府主要领导成员；

（七）其他需要参加的人员。

推荐人大常委会、政府、政协领导成员人选，应当有民主党派、工商联主要领导成员和无党派代表人士参加。

参加个别谈话推荐的人员参照上列范围确定，可以适当调整。

第十八条　领导班子换届，根据会议推荐、个别谈话推荐情况和领导班子结构需要，可以差额提出初步名单进行二次会议推荐。二次会议推荐由下列人员参加：

（一）党委成员；

（二）人大常委会、政府、政协党组成员或者全体领导成员；

（三）人民法院、人民检察院主要领导成员；

（四）纪委副书记；

（五）其他需要参加的人员。

第十九条　个别提拔任职的民主推荐程序，可以参照本条例第十六条、第十八条规定进行，也可以先进行个别谈话推荐，根据谈话情况，经党委（党组）或者组织（人事）部门研究，提出初步名单，再进行会议推荐。

第二十条　个别提拔任职，参加民主推荐人员按下列范围执行：

（一）民主推荐地方党政领导班子成员人选，参照本条例第十七条、第十八条规定执行，可以适当调整。

（二）民主推荐工作部门领导成员人选，会议推荐由本部门领导成员、内设机构领导成员、直属单位主要领导成员和其他需要参加的人员参加；本部门人数较少的，可以由全体人员参加。根据实际情况还可以吸收本系统下级单位主要领导成员参加。参加个别谈话推荐的人员参照上列范围确定，可以适当调整。

（三）民主推荐内设机构领导成员人选，参照前项所列范围确定。

第二十一条　个人向党组织推荐领导干部人选，必须负责地写出推荐材料并署名。所推荐人选经组织（人事）部门审核符合条件的，纳入民主推荐范围，缺乏民意基础的，不得列为考察对象。

第二十二条　党委和政府及其工作部门个别特殊需要的领导成员人选，可以由党委（党组）或者组织（人事）部门推荐，报上级组织（人事）部门同意后作为考察对象。

第五章　考察

第二十三条　确定考察对象，应当根据工作需要和干部德才条件，将民主推荐与平时考核、年度考核、一贯表现和人岗相适等情况综合考虑，充分酝酿，防止把推荐票等同于选举票、简单以推荐票取人。

第二十四条 有下列情形之一的，不得列为考察对象：

（一）群众公认度不高的。

（二）近三年年度考核结果中有被确定为基本称职以下等次的。

（三）有跑官、拉票行为的。

（四）配偶已移居国（境）外；或者没有配偶，子女均已移居国（境）外的。

（五）受到组织处理或者党纪政纪处分影响使用的。

（六）其他原因不宜提拔的。

第二十五条 领导班子换届，由本级党委书记与副书记、分管组织、纪检等工作的常委根据上级党委组织部门反馈的情况，对考察对象人选进行酝酿，本级党委常委会研究提出考察对象建议名单，经与上级党委组织部门沟通后，确定考察对象。对拟新进党政领导班子的考察对象，应当在一定范围内进行公示。

个别提拔任职，由党委（党组）研究确定考察对象。

考察对象一般应当多于拟任职务人数。

第二十六条 对确定的考察对象，由组织（人事）部门按照干部管理权限进行严格考察。

部门与地方双重管理干部的考察工作，由主管方负责，会同协管方进行。

第二十七条 考察党政领导职务拟任人选，必须依据干部选拔任用条件和不同领导职务的职责要求，全面考察其德、能、勤、绩、廉。

突出考察政治品质和道德品行，深入了解理想信念、政治纪律、坚持原则、敢于担当、开展批评和自我批评、行为操守等方面的情况。

注重考察工作实绩，深入了解履行岗位职责、推动和服务科学发展的实际成效。考察地方党政领导班子成员，应当把有质量、有效益、可持续的经济发展和民生改善、社会和谐进步、文化建设、生态文明建设、党的建设等作为考核评价的重要内容，更加重视劳动就业、居民收入、科技创新、教育文化、社会保障、卫生健康等的考核，强化约束性指标考核，加大资源消耗、环境保护、消化产能过剩、安全生产、债务状况等指标的权重，防止单纯以经济增长速度评定工作实绩。考察党政工作部门领导干部，应当把执行政策、营造良好发展环境、提供优质公共服务、维护社会公平正义等作为评价的重要内容。

加强作风考察，深入了解为民服务、求真务实、勤勉敬业、奋发有为，反对形式主义、官僚主义、享乐主义和奢靡之风等情况。

强化廉政情况考察，深入了解遵守廉洁自律有关规定，保持高尚情操和健康情趣，慎独慎微，秉公用权，清正廉洁，不谋私利，严格要求亲属和身边工作人员等情况。

各级党委（党组）应当根据实际，制定具体考察标准。

第二十八条　考察党政领导职务拟任人选，应当保证充足的考察时间，经过下列程序：

（一）组织考察组，制定考察工作方案；

（二）同考察对象呈报单位或者所在单位党委（党组）主要领导成员就考察工作方案沟通情况，征求意见；

（三）根据考察对象的不同情况，通过适当方式在一定范围内发布干部考察预告；

（四）采取个别谈话、发放征求意见表、民主测评、实地走访、查阅干部档案和工作资料、同考察对象面谈等方法，广泛深入地了解情况，根据需要进行民意调查、专项调查、延伸考察；

（五）综合分析考察情况，与考察对象的一贯表现进行比较、相互印证，全面准确地对考察对象作出评价；

（六）向考察对象呈报单位或者所在单位党委（党组）主要领导成员反馈考察情况，并交换意见；

（七）考察组研究提出人选任用建议，向派出考察组的组织（人事）部门汇报，经组织（人事）部门集体研究提出任用建议方案，向本级党委（党组）报告。

第二十九条　考察地方党政领导班子成员拟任人选，个别谈话和征求意见的范围一般为：

（一）党委和政府领导成员，人大常委会、政协、纪委、人民法院、人民检察院主要领导成员；

（二）考察对象所在单位领导成员；

（三）考察对象所在单位有关工作部门或者内设机构和直属单位主要领导成员；

（四）其他有关人员。

第三十条　考察工作部门领导班子成员拟任人选，个别谈话和征求意见的范围一般为：

（一）考察对象上级领导机关有关领导成员；

（二）考察对象所在单位领导成员；

（三）考察对象所在单位内设机构和直属单位主要领导成员；

（四）其他有关人员。

考察内设机构领导职务拟任人选，个别谈话和征求意见的范围参照上列规定执行。

第三十一条　考察党政领导职务拟任人选，应当听取考察对象所在单位组织（人事）

部门、纪检监察机关、机关党组织的意见，根据需要可以听取巡视机构和其他相关部门意见。

组织（人事）部门应当就考察对象的党风廉政情况听取纪检监察机关的意见。对拟提拔的考察对象，应当查阅个人有关事项报告情况，必要时可以进行核实。对需要进行经济责任审计的考察对象，应当委托审计部门按照有关规定进行审计。

第三十二条　考察党政领导职务拟任人选，必须形成书面考察材料，建立考察文书档案。已经任职的，考察材料归入本人档案。考察材料必须写实，全面、准确、清楚地反映考察对象的情况，包括下列内容：

（一）德、能、勤、绩、廉方面的主要表现和主要特长；

（二）主要缺点和不足；

（三）民主推荐、民主测评等情况。

第三十三条　党委（党组）或者组织（人事）部门派出的考察组由两名以上成员组成。考察人员应当具有较高素质和相应资格。考察组负责人应当由思想政治素质好、有较丰富工作经验并熟悉干部工作的人员担任。

实行干部考察工作责任制。考察组必须坚持原则，公道正派，深入细致，如实反映考察情况和意见，对考察材料负责，履行干部选拔任用风气监督职责。

第六章　讨论决定

第三十四条　党政领导职务拟任人选，在讨论决定或者决定呈报前，应当根据职位和人选的不同情况，分别在党委（党组）、人大常委会、政府、政协等有关领导成员中进行酝酿。

工作部门领导成员拟任人选，应当征求上级分管领导成员的意见。

非中共党员拟任人选，应当征求党委统战部门和民主党派、工商联主要领导成员、无党派代表人士的意见。

部门与地方双重管理干部的任免，主管方应当事先征求协管方意见，进行酝酿。征求意见一般采用书面形式进行。协管方自收到主管方意见之日起一个月内未予答复的，视为同意。双方意见不一致时，正职的任免报上级党委组织部门协调，副职的任免由主管方决定。

第三十五条　选拔任用党政领导干部，应当按照干部管理权限由党委（党组）集体讨论作出任免决定，或者决定提出推荐、提名的意见。属于上级党委（党组）管理的，本级党委（党组）可以提出选拔任用建议。

对拟破格提拔的人选在讨论决定前，必须报经上级组织（人事）部门同意。越级提拔或者不经过民主推荐列为破格提拔人选的，应当在考察前报告，经批复同意后方可进行。

第三十六条 市（地、州、盟）、县（市、区、旗）党委和政府领导班子正职的拟任人选和推荐人选，一般应当由上级党委常委会提名并提交全委会无记名投票表决；全委会闭会期间急需任用的，由党委常委会作出决定，决定前应当征求全委会成员的意见。

第三十七条 党委（党组）讨论决定干部任免事项，必须有三分之二以上成员到会，并保证与会成员有足够时间听取情况介绍、充分发表意见。与会成员对任免事项，应当发表同意、不同意或者缓议等明确意见。在充分讨论的基础上，采取口头表决、举手表决或者无记名投票等方式进行表决。

党委（党组）有关干部任免的决定，需要复议的，应当经党委（党组）超过半数成员同意后方可进行。

第三十八条 党委（党组）讨论决定干部任免事项，应当按照下列程序进行：

（一）党委（党组）分管组织（人事）工作的领导成员或者组织（人事）部门负责人，逐个介绍领导职务拟任人选的推荐、考察和任免理由等情况，其中涉及破格提拔的人选，应当说明破格的具体情形和理由；

（二）参加会议人员进行充分讨论；

（三）进行表决，以党委（党组）应到会成员超过半数同意形成决定。

第三十九条 需要报上级党委（党组）审批的拟提拔任职的干部，必须呈报党委（党组）请示并附干部任免审批表、干部考察材料、本人档案和党委（党组）会议纪要、讨论记录、民主推荐情况等材料。上级组织（人事）部门对呈报的材料应当严格审查。

需要报上级备案的干部，应当按照规定及时向上级组织（人事）部门备案。

第七章　任职

第四十条 党政领导职务实行选任制、委任制，部分专业性较强的领导职务可以实行聘任制。聘任办法另行规定。

第四十一条 实行党政领导干部任职前公示制度。

提拔担任厅局级以下领导职务的，除特殊岗位和在换届考察时已进行过公示的人选外，在党委（党组）讨论决定后、下发任职通知前，应当在一定范围内进行公示。公示内容应当真实准确，便于监督，涉及破格提拔的，还应当说明破格的具体情形和理由。公示期不少于五个工作日。公示结果不影响任职的，办理任职手续。

第四十二条 实行党政领导干部任职试用期制度。

提拔担任下列非选举产生的厅局级以下领导职务的，试用期为一年：

（一）党委、人大常委会、政府、政协工作部门副职和内设机构领导职务；

（二）纪委内设机构领导职务；

（三）人民法院、人民检察院内设机构的非国家权力机关依法任命的领导职务。

试用期满后，经考核胜任现职的，正式任职；不胜任的，免去试任职务，一般按试任前职级安排工作。

第四十三条 实行任职谈话制度。对决定任用的干部，由党委（党组）指定专人同本人谈话，肯定成绩，指出不足，提出要求和需要注意的问题。

第四十四条 党政领导职务的任职时间，按照下列时间计算：

（一）由党委（党组）决定任职的，自党委（党组）决定之日起计算；

（二）由党的代表大会、党的委员会全体会议、党的纪律检查委员会全体会议、人民代表大会、政协全体会议选举、决定任命的，自当选、决定任命之日起计算；

（三）由人大常委会或者政协常委会任命或者决定任命的，自人大常委会、政协常委会任命或者决定任命之日起计算；

（四）由党委向政府提名由政府任命的，自政府任命之日起计算。

第八章 依法推荐、提名和民主协商

第四十五条 党委向人民代表大会或者人大常委会推荐需要由人民代表大会或者人大常委会选举、任命、决定任命的领导干部人选，应当事先向人民代表大会临时党组织或者人大常委会党组和人大常委会组成人员中的党员介绍党委推荐意见。人民代表大会临时党组织、人大常委会党组和人大常委会组成人员及人大代表中的党员，应当认真贯彻党委推荐意见，带头依法办事，正确履行职责。

第四十六条 党委向人民代表大会推荐由人民代表大会选举、决定任命的领导干部人选，应当以本级党委名义向人民代表大会主席团提交推荐书，介绍所推荐人选的有关情况，说明推荐理由。

党委向人大常委会推荐由人大常委会任命、决定任命的领导干部人选，应当在人大常委会审议前，按照规定程序提出，介绍所推荐人选的有关情况。

第四十七条 党委向政府提名由政府任命的政府工作部门和机构领导成员人选，在党委讨论决定后，由政府任命。

第四十八条 领导班子换届，党委推荐人大常委会、政府、政协领导成员人选和人民法院院长、人民检察院检察长人选，应当事先向民主党派、工商联主要领导成员和无党派代表人士通报有关情况，进行民主协商。

第四十九条　党委推荐的领导干部人选，在人民代表大会选举、决定任命或者人大常委会任命、决定任命前，如果人大代表或者人大常委会组成人员对所推荐人选提出不同意见，党委应当认真研究，并作出必要的解释或者说明。如果发现有事实依据、足以影响选举或者任命的问题，党委可以建议人民代表大会或者人大常委会按照规定程序暂缓选举、任命、决定任命，也可以重新推荐人选。

政协领导成员候选人的推荐和协商提名，按照政协章程和有关规定办理。

第九章　公开选拔和竞争上岗

第五十条　公开选拔、竞争上岗是党政领导干部选拔任用的方式之一。公开选拔面向社会进行，竞争上岗在本单位或者本系统内部进行，应当从实际出发，合理确定选拔职位、数量和范围。一般情况下，领导职位出现空缺且本地区本部门没有合适人选的，特别是需要补充紧缺专业人才的，可以进行公开选拔；领导职位出现空缺，本单位本系统符合资格条件人数较多且人选意见不易集中的，可以进行竞争上岗。

公开选拔县处级以下领导干部，一般不跨省（自治区、直辖市）进行。

第五十一条　公开选拔、竞争上岗方案设置的条件和资格，应当符合本条例第七条和第八条的规定，不得因人设置资格条件。资格条件突破规定的，应当事先报上级组织（人事）部门审核同意。

第五十二条　公开选拔、竞争上岗工作在党委（党组）领导下进行，由组织（人事）部门组织实施，应当经过下列程序：

（一）公布职位、资格条件、基本程序和方法等；

（二）报名与资格审查，参加公开选拔的应当经所在单位同意；

（三）采取适当方式进行能力和素质测试、测评，比选择优（竞争上岗也可以先进行民主推荐）；

（四）组织考察，研究提出人选方案；

（五）党委（党组）讨论决定；

（六）履行任职手续。

第五十三条　公开选拔、竞争上岗应当科学规范测试、测评，突出岗位特点，突出实绩竞争，注重能力素质和一贯表现，防止简单以分数取人。

第十章　交流、回避

第五十四条　实行党政领导干部交流制度。

（一）交流的对象主要是：因工作需要交流的；需要通过交流锻炼提高领导能力的；在一个地方或者部门工作时间较长的；按照规定需要回避的；因其他原因需要交流的。

交流的重点是县级以上地方党委和政府的领导成员，纪委、人民法院、人民检察院、党委和政府部分工作部门的主要领导成员。

（二）地方党委和政府领导成员原则上应当任满一届，在同一职位上任职满十年的，必须交流；在同一职位连续任职达到两个任期的，不再推荐、提名或者任命担任同一职务。

同一地方（部门）的党政正职一般不同时易地交流。

（三）党政机关内设机构处级以上领导干部在同一职位上任职时间较长的，应当进行交流或者轮岗。

（四）经历单一或者缺少基层工作经历的年轻干部，应当有计划地到基层、艰苦边远地区和复杂环境工作。

（五）加强干部交流统筹。推进地区之间、部门之间、地方与部门之间、党政机关与国有企事业单位及其他社会组织之间的干部交流。

（六）干部交流由党委（党组）及其组织（人事）部门按照干部管理权限组织实施，严格把握人选的资格条件。干部个人不得自行联系交流事宜，领导干部不得指定交流人选。同一干部不宜频繁交流。

（七）交流的干部接到任职通知后，应当在党委（党组）或者组织（人事）部门限定的时间内到任。跨地区跨部门交流的，应当同时迁转行政关系、工资关系和党的组织关系。

第五十五条　实行党政领导干部任职回避制度。

党政领导干部任职回避的亲属关系为：夫妻关系、直系血亲关系、三代以内旁系血亲以及近姻亲关系。有上列亲属关系的，不得在同一机关担任双方直接隶属于同一领导人员的职务或者有直接上下级领导关系的职务，也不得在其中一方担任领导职务的机关从事组织（人事）、纪检监察、审计、财务工作。

领导干部不得在本人成长地担任县（市）党委和政府以及纪检机关、组织部门、人民法院、人民检察院、公安部门正职领导成员，一般不得在本人成长地担任市（地、盟）党委和政府以及纪检机关、组织部门、人民法院、人民检察院、公安部门正职领导成员。

第五十六条　实行党政领导干部选拔任用工作回避制度。

党委（党组）及其组织（人事）部门讨论干部任免，涉及与会人员本人及其亲属的，本人必须回避。

干部考察组成员在干部考察工作中涉及其亲属的，本人必须回避。

第十一章　免职、辞职、降职

第五十七条　党政领导干部有下列情形之一的，一般应当免去现职：

（一）达到任职年龄界限或者退休年龄界限的。

（二）受到责任追究应当免职的。

（三）辞职或者调出的。

（四）非组织选派，离职学习期限超过一年的。

（五）因工作需要或者其他原因，应当免去现职的。

第五十八条　实行党政领导干部辞职制度。辞职包括因公辞职、自愿辞职、引咎辞职和责令辞职。

辞职应当符合有关规定，手续依照法律或者有关规定程序办理。

第五十九条　引咎辞职、责令辞职和因问责被免职的党政领导干部，一年内不安排职务，两年内不得担任高于原任职务层次的职务。同时受到党纪政纪处分的，按照影响期长的规定执行。

第六十条　实行党政领导干部降职制度。党政领导干部在年度考核中被确定为不称职的，因工作能力较弱、受到组织处理或者其他原因不适宜担任现职务层次的，应当降职使用。降职使用的干部，其待遇按照新任职务的标准执行。

降职使用的干部重新提拔，按照有关规定执行。

第十二章　纪律和监督

第六十一条　选拔任用党政领导干部，必须严格执行本条例的各项规定，并遵守下列纪律：

（一）不准超职数配备、超机构规格提拔领导干部，或者违反规定擅自设置职务名称、提高干部职级待遇；

（二）不准采取不正当手段为本人或者他人谋取职位；

（三）不准违反规定程序推荐、考察、酝酿、讨论决定任免干部；

（四）不准私自泄露动议、民主推荐、民主测评、考察、酝酿、讨论决定干部等有关情况；

（五）不准在干部考察工作中隐瞒或者歪曲事实真相；

（六）不准在民主推荐、民主测评、组织考察和选举中搞拉票等非组织活动；

（七）不准利用职务便利私自干预下级或者原任职地区、单位干部选拔任用工作；

（八）不准在工作调动、机构变动时，突击提拔、调整干部；

（九）不准在干部选拔任用工作中封官许愿，任人唯亲，营私舞弊；

（十）不准涂改干部档案，或者在干部身份、年龄、工龄、党龄、学历、经历等方面弄虚作假。

第六十二条 加强干部选拔任用工作全程监督，严肃查处违反组织人事纪律的行为。对违反本条例规定的事项，按照有关规定对党委（党组）主要领导成员和有关领导成员、组织（人事）部门有关领导成员以及其他直接责任人作出组织处理或者纪律处分。

对无正当理由拒不服从组织调动或者交流决定的，依照法律及有关规定予以免职或者降职使用。

第六十三条 实行党政领导干部选拔任用工作责任追究制度。凡用人失察失误造成严重后果的，本地区本部门用人上的不正之风严重、干部群众反映强烈以及对违反组织人事纪律的行为查处不力的，应当根据具体情况，追究党委（党组）主要领导成员、有关领导成员、组织（人事）部门和纪检监察机关有关领导成员以及其他直接责任人的责任。

第六十四条 党委（党组）及其组织（人事）部门对干部选拔任用工作和贯彻执行本条例的情况进行监督检查，受理有关干部选拔任用工作的举报、申诉，制止、纠正违反本条例的行为，并对有关责任人提出处理意见或者处理建议。

纪检监察机关、巡视机构按照有关规定，对干部选拔任用工作进行监督检查。

第六十五条 实行组织（人事）部门与纪检监察机关等有关单位联席会议制度，就加强对干部选拔任用工作的监督，沟通信息，交流情况，提出意见和建议。联席会议由组织（人事）部门召集。

第六十六条 党委（党组）及其组织（人事）部门在干部选拔任用工作中，必须严格执行本条例，自觉接受组织监督和群众监督。下级机关和党员、干部、群众对干部选拔任用工作中的违纪违规行为，有权向上级党委（党组）及其组织（人事）部门、纪检监察机关举报、申诉，受理部门和机关应当按照有关规定查核处理。

第十三章 附 则

第六十七条 本条例对工作部门的规定，同时适用于办事机构、派出机构、特设机构以及其他直属机构。

第六十八条　选拔任用乡（镇、街道）的党政领导干部，由省、自治区、直辖市党委根据本条例制定相应的实施办法。

第六十九条　中国人民解放军和中国人民武装警察部队领导干部的选拔任用办法，由中央军事委员会根据本条例的原则规定。

第七十条　本条例由中共中央组织部负责解释。

第七十一条　本条例自发布之日起施行。2002 年 7 月 9 日中共中央印发的《党政领导干部选拔任用工作条例》同时废止。

主要参考文献

1. 阿尔内·艾弗斯，尼尔·安德森，奥尔加·沃斯奎吉尔.人事选拔心理学［M］.世界图书出版公司，2016.

2. 艾理生.论增强公开选拔领导干部笔试科学性的依据［J］.湖南人文科技学院学报，2007（5）：80—83.

3. 安鸿章.工作岗位的分析技术与应用［M］.南开大学出版社，2001.

4. 彼德·德鲁克.管理前沿［M］.企业管理出版社，1998.

5. 卞冉，高钦，车宏生.评价中心的构想效度谜题：测量维度还是活动？［J］.心理科学进展，2013（2）：358—371.

6. 布雷恩·鲍恩.激励员工［M］.企业管理出版社，2001.

7. 曹忠辉，周诗媚.基于公文筐测试的管理人员选拔［J］.科技广场，2012（6）：198—201.

8. 曾垂凯，时勘.结构化面试的两种模式［J］.现代管理科学，2009（7）：9—11.

9. 昌业云.综合运用人才测评技术选拔领导干部的路径［J］.山东青年政治学院学报，2012（4）：89—94.

10. 陈洁.省直机关处级领导干部一般领导素质情景判断测验编制［D］.江西师范大学，2010.

11. 陈晶，车宏生.情境判断测验的研究进展［J］.心理学探新，2006（4）：78—82.

12. 车宏生.心理测量与人才选拔：人才测评技术科学化［M］.南海出版公司，2004.

13. 陈京水，凌文辁.基于胜任力的结构化面试［J］.企业管理，2011（10）：88—89.

14. 陈万思，任玮.评价中心在领导干部选拔中的应用［J］.领导科学，2006（8）：24—25.

15. 程连昌.党政领导干部公开选拔和竞争上岗考试面试成功方略［M］.国家行政学院出版社，2006.

16. 戴忠恒.心理与教育测量［M］.上海华东师大出版社，1987.

17. 多米尼克·库珀，伊凡·罗伯逊.组织人员选聘心理［M］.清华大学出版社，2002.

18. 樊琪，朱月龙.人才招聘与应聘［M］.苏州大学出版社，2000.

19. 冯明，夏洪苹.情境判断测验结果的影响因素研究［J］.技术经济与管理研究，2011（8）：21—24.

20. 龚文，钱树刚.评价中心在招聘测评中的应用实践［J］.中国人力资源开发，2007（5）：60—62.

21. 广东省公开选拔领导干部办公室编.跨世纪公选［M］.广东人民出版社，2001.

22. 韩铁城，汪群，孙小义，王可.公共部门中高级领导干部公开选拔机制探索［J］.中国人力资源开发，2008（3）：93—95.

23. 红军，王远志.用"公文筐"选拔厅局级干部——现代人才测评技术运用探索［J］.中国人才，2008（7）：63—66.

24. 洪自强，涂冬波.领导干部结构化面试信度的多元概括化理论分析［J］.心理学探新，2006（1）：85—90，95.

25. 胡月星，赵郝锐.公开选拔副厅级党政领导干部结构化面试评估报告［J］.中国浦东干部学院学报，2009（4）：25—30.

26. 胡月星，赵忠令.现代领导心理［M］.中国社会科学出版社，2003.

27. 胡月星，袁书杰.女性领导胜任特征调查报告——基于101名厅局级领导干部的调查［J］.中国浦东干部学院学报，2015（2）：61—68.

28. 胡月星.澳大利亚高级公务员的选拔测评［J］.中国人力资源开发，2003（7）：51—54.

29. 胡月星.不同层级公务员胜任特征模型结构实证研究［J］.领导科学，2011（26）：4—7.

30. 胡月星.国家公务员胜任特征及其通用框架体系研究［J］.中国浦东干部学院学报，2012（6）：99—103.

31. 胡月星.公开选拔党政领导干部结构化面试研究［D］.中组部领导干部考试与测评中心研究课题，2003.

32. 胡月星.公开选拔考试测评机制变脸：公选考试参与者如何应对［J］.人民论坛，2008（23）：27.

33. 胡月星. 基层领导干部核心胜任特征的实证探索［J］. 国家行政学院学报，2007（5）：83—86.

34. 胡月星. 基于胜任特征模型的党政领导人才考核评估［J］. 领导科学，2012（14）：28—30.

35. 胡月星. 领导人才测评［M］. 中国发展出版社，2009.

36. 胡月星. 领导人才选拔测评的发展现状与未来［J］. 中国人力资源开发，2013（15）：49—53.

37. 胡月星. 民族地区基层干部整体素质发展研究［M］. 民族出版社，2004.

38. 胡月星. 宁波市领导干部核心胜任力调查［J］. 决策，2007（5）：34—35.

39. 胡月星. 评价中心与结构化面试［M］. 宁夏人民出版社，2007.

40. 胡月星. 司处科三级公务员胜任力调查［J］. 决策，2012（6）：48—52.

41. 胡月星. 推进中国领导人才选拔测评面临的挑战和任务［J］. 领导科学，2013（30）：49—50.

42. 黄勋敬，赵曙明. 基于公文筐测验的商业银行高层管理人员选拔研究——以商业银行高级人力资源经理岗位为例［J］. 管理学报，2011（6）：852—856.

43. 贾绪计，余嘉元. 基于胜任特征的结构化面试初探［J］. 社会心理科学，2006（4）：58—62，107.

44. 蒋小群，胡巧红. 情境判断测验——一种有效的人才测量方法［J］. 企业科技与发展，2009（18）：234—236.

45. 寇家伦. 人才测评［M］. 中国发展出版社，2006.

46. 李海红，黄坚学，袁登华. 领导干部选拔中评价中心技术应用的初步探讨［J］. 山东行政学院学报，2006（5）：48—50.

47. 李木洲. 公开选拔党政领导干部制度研究综述［J］. 理论月刊，2011（2）：75—78.

48. 李英武，叶芊，于永达. 干部公选中的履历评价技术及其计分策略［J］. 领导科学，2011（12）：34—35.

49. 李远. 企业领导胜任力情景判断测验的效度研究［D］. 浙江大学，2007.

50. 梁丽芝，韦朝毅. 我国公开选拔领导干部制度的发展与完善［J］. 湘潭大学学报（哲学社会科学版），2010（1）：5—9.

51. 梁文艳. 评价中心技术及其发展趋势［J］. 经济论坛，2006（23）：77—78.

52. 梁彦鸣. 指导语类型对情景判断测验效度影响的元分析［D］. 暨南大学，2013.

53. 凌斌，顾金良，孙丽君. 情境判断测验的研究述评［J］. 心理技术与应用，

2016（9）：538—548.

54. 刘柏涛，周斌 . 基于评价中心的公务员选拔方式初探［J］. 甘肃社会科学，2014（3）：130—134.

55. 刘长占，萧鸣政 . 人才素质测评方法［M］. 高等教育出版社，2000.

56. 刘建军 . 领导学原理——科学与艺术［M］. 复旦大学出版社，2001.

57. 刘锦山 . 专业人才测评［M］. 中华工商联合出版社，2001.

58. 刘润香，戴海琦，王鹏 . 情境判断测验效度的研究述评［J］. 心理学探新，2010（3）：74—79.

59. 刘晓梅，卞冉，车宏生，王丽娜，邵燕萍 . 情境判断测验的效度研究述评［J］. 心理科学进展，2011（5）：740—748.

60. 刘泽文 . 胜任力建模：人才选拔与考核实例分析［M］. 科学出版社，2009.

61. 罗恩·弗莱 . 提问聘人［M］. 民主与建设出版社，2001.

62. 马庆霞，王雪 . 情境判断测验的研究和应用进展［J］. 中国人力资源开发，2014（7）：61—63.

63. 马欣川 . 人才测评：基于胜任力的探索［M］. 北京邮电大学出版社，2008.

64. 宁本荣 . 提高公开选拔领导干部笔试测试有效性路径分析［J］. 理论月刊，2011（7）：93—95.

65. 潘秀静 . 公开选拔党政领导干部资历评价研究［D］. 华中师范大学，2012.

66. 漆书青，戴海琦，情境判断测验的性质、功能与开发编制［J］. 心理学探新，2003（4）：42—46.

67. 苏东水 . 东方管理［M］. 山西经济出版社，2003.

68. 苏东水 . 管理心理学（第四版）［M］. 复旦大学出版社，2000.

69. 苏东水 . 管理学［M］. 东方出版中心，2001.

70. 孙大强，王文新，胡月星 . 胜任力视角下的资历评价技术及其应用［J］. 中国人力资源开发，2008（1）：43—44，57.

71. 孙健敏 . 人才管理中的资质模型［J］. 中国人才，2007（13）：30—32.

72. 孙健敏 . 人员测评理论与技术［M］. 湖南师范大学出版社，2007.

73. 孙健敏，高日光 . 人力资源测评理论与技术［M］. 首都经济贸易大学出版社，2010.

74. 孙健敏，张晶 . 基层党政领导干部胜任特征模型研究［J］. 领导科学，2010（17）：7—10.

75. 孙时进，颜世富 . 管理心理学［M］. 立信会计出版社，2000.

76. 孙武. 结构化面试研究［D］. 厦门大学，2008.

77. 宋卫芳，李永鑫. 人才选拔技术的新贵——情境判断测验［J］. 中国人力资源开发，2007（7）: 54—56.

78. 唐宁玉. 人事测评理论与方法［M］. 东北财经大学出版社，2002.

79. 唐素萍. 情境判断测验的开发程序、构思效度及研究趋势［J］. 心理科学进展，2004（12）: 119—125.

80. 王继承. 人事测评技术［M］. 广东经济出版社，2001.

81. 王建. 结构化面试存在的问题及优化对策［J］. 企业导报，2011（15）: 185—186.

82. 王垒. 实用人事测量［M］. 经济科学出版社，2002.

83. 王明杰，谭兰英. 领导人才素质测评与选拔机制研究［M］. 中国政法大学出版社，2013.

84. 王沛，董俊花. 人力资源管理中情景判断测验的开发与应用［J］. 宁波大学学报（教育科学版），2005（5）: 17—21.

85. 王文新，许灏颖，胡月星. 我国党政领导干部胜任特征研究的回顾与展望［J］. 中国人力资源开发，2015（3）: 26—32.

86. 王重鸣. 管理心理学［M］. 人民教育出版社，2001.

87. 吴敏，田爽. 基于胜任力模型的无领导小组讨论在测评中的应用［J］. 现代商业，2008（32）: 94—95.

88. 吴志明. 评价中心的心理测量学研究［D］. 北京师范大学，2001.

89.［美］威克利. 情境判断测验: 理论、测量与应用［M］. 复旦大学出版社，2013.

90. 魏红. 人才测评在干部选拔中的应用［J］. 人才开发，2008（7）: 43—44.

91. 萧鸣政. 工作分析的方法与技术［M］. 中国人民大学出版社，2002.

92. 萧鸣政. 现代人事考评技术及其应用［M］. 中国人民大学出版社，1997.

93. 萧鸣政. 中国领导人才评价与开发［M］. 人民出版社，2015.

94. 肖鸣政，饶伟国. 心理测验在党政领导人才选拔中的作用分析［J］. 中国行政管理，2006（7）: 87—91.

95. 肖余春，孙兰. 基于胜任力的党政领导干部情景判断测验维度的理论探讨［J］. 企业经济，2004（8）: 5—7.

96. 谢菲，程文忠. 我国领导干部素质测评的理论与实践［J］. 党政干部论坛，2008（6）: 32—33.

97. 邢占军，姜姗姗. 结构化面试质量评估研究的现状与思考［J］. 理论学刊，2010

（2）: 90—93.

98. 熊超群. 工作分析与设计实务［M］. 广东经济出版社，2002.

99. 熊超群. 人才甄选与招聘实务［M］. 广东经济出版社，2002.

100. 徐世勇，刘亚军. 人才素质测评［M］. 中国人民大学出版社，2014.

101. 姚庆玲. 企业中层管理者一般管理素质情境判断测验的编制［D］. 江西师范大学，2009.

102. 杨丹娜. 干部选任制度改革的调研与思考：兼对广东个案的分析［M］. 中共中央党校出版社，2008.

103. 杨海军，凌文辁，袁登华. 竞争性选拔中笔试、面试、量化考察权重设置实证研究［J］. 现代管理科学，2011（5）: 15—17.

104. 杨鹏，胡月星. 履历分析技术在领导人才选拔中的应用［J］. 新东方，2006（4）: 20—24.

105. 杨文军，王建东，刘舒. 无领导小组讨论在人才选拔中的运用［J］. 管理观察，2013（19）: 109—110.

106. 殷雷. 评价中心的基本特点与发展趋势［J］. 心理科学，2007（5）: 1276—1279.

107. 俞文钊. 领导心理学导论［M］. 人民教育出版社，1993.

108. 袁方. 领导人才选拔评价研究与实践［M］. 北京出版社，2009.

109. 袁方，谷向东，邓希冯. 基于情境判断测验的领导人才领导力状况调查研究［J］. 中国人力资源开发，2012（12）: 42—46.

110. 原宁. 党政领导干部诚信的结构维度及情景判断测验研究［D］. 西南财经大学，2012.

111. 张保国. 遴选高级人才的首要工具——评价中心［J］. 南开管理评论，2002（4）: 48—54.

112. 张春昕. 破解两种最常用的评价技术——无领导小组讨论和公文筐测验［J］. 人力资源，2009（21）: 68—70.

113. 张帆. 工作岗位设计［M］. 广东经济出版社，2002.

114. 张菡. 结构化面试的失效研究［J］. 长江大学学报（社会科学版），2011（6）: 51—52.

115. 张露. 结构化面试在企业中的应用研究——基于S公司的分析［J］. 人力资源管理，2013（10）: 180—181.

116. 张梦琪，卞冉，孙晓敏，车宏生. 人事选拔情景判断测验作假的实证研究［J］.

北京师范大学学报（自然科学版），2016（1）：117—121.

117. 张强，张涌. 竞争性干部选拔中履历评价研究——以 G 市厅处级干部为观察样本［J］. 中国行政管理，2016（3）：31—37.

118. 张润生. 基于岗位能力素质模型的人才评价选拔测评方式设计［J］. 人力资源管理，2014（8）：44—46.

119. 张文勤，石金涛. 胜任力评价的主成分神经网络建模［J］. 管理评论，2008（9）：14—19，63.

120. 张艳秋，凌文辁. 情境判断测验的应用和进展［J］. 引进与咨询，2003（4）：18—20.

121. 赵琛徽. 员工素质测评［M］. 海天出版社，2003.

122. 赵慧琴，邹海瑞. 公文筐测验探析［J］. 辽宁工业大学学报（社会科学版），2011（5）：18—21.

123. 赵洪俊. 中国领导人才能力测评技术参考手册［M］. 新华出版社，2006.

124. 赵洪俊. 公开选拔党政领导干部考试情境模拟应用研究［M］. 党建读物出版社，2007.

125. 赵洪俊. 公开选拔党政领导干部结构化笔试研究［M］. 党建读物出版社，2007.

126. 赵洪俊. 公开选拔党政领导干部结构化面试研究［M］. 党建读物出版社，2007.

127. 郑日昌. 心理测量［M］. 湖南教育出版社，1987.

128. 郑晓明，吴天明. 工作分析实务手册［M］. 机械工业出版社，2002.

129. 郑学宝，孙健敏. 建立县处级领导人才胜任力模型［J］. 中国人力资源开发，2006（11）：56—61.

130. 郑学宝，孙健敏. 县域经济发展与县级党政领导正职的胜任力模型研究——以广东省为例［J］. 学术研究，2006（1）：84—89.

131. 中共中央组织部. 公开选拔党政领导干部考试大纲［M］. 党建读物出版社，2010.

132. 中组部领导干部考试与测评中心. 党政领导干部公开选拔和竞争上岗考试测评工作指导手册［M］. 党建读物出版社，2010.

133. 周帆. 变革中政府组织的人才测评［M］. 科学出版社，2014.

134. 周三多. 管理学原理与方法［M］. 复旦大学出版社，2000.

135. 朱馨侬，李建良. 从古到今看选才之道［J］. 现代企业教育，2006（21）：191—192.

后　记

在人类社会发展进程中，领导人才是社会文明进步、人民富裕幸福、国家繁荣昌盛的重要推动力量。领导选任，历来是各个国家、各个朝代所关注的大事。《尚书》曰："知人则哲，能官人。"也就是说，只有正确地认识别人的人是聪明睿智的人，只有正确认识了别人，才能用人得当。选人用人关系事业发展成败。自中国共产党成立以来，高度重视选贤任能。自党的十八大以来，习近平总书记多次强调，建设中国特色社会主义关键在于建设一支宏大的高素质干部队伍，要坚持德才兼备、以德为先，坚持五湖四海、任人唯贤，把党和人民需要的好干部精心培养起来、及时发现出来、合理使用起来。

把党和人民需要的优秀领导干部选拔任用到合适的工作岗位上去，需要建立健全科学的人才选拔任用机制，需要研究开发科学管用的人才选拔测评方法技术，尤其是要开发适合党政领导干部和企业高级经营管理人员的选拔测评工具。改革开放以来，特别是近十年来，包括笔试、面试、心理测验、能力测试、评价中心技术等在内的各种现代测评方法技术在领导选拔实践中得到了较为广泛的应用，大大提高了领导选拔测评的科学性和实效性。

如何选择简便易行、科学有效的测评方法，不断增进对领导人才素质全面、深入、准确的理解和把握，不仅是理论界的使命，也是实践界不懈追求的目标。十多年来，一直跟随胡月星教授有幸踏入领导人才测评这一领域，学习测评理论，积极实践应用，参与许多中央国家机关司处级领导干部竞争上岗和国有企业经营管理人员公开选拔测评项目，探索积累，收获多、感悟深。其间有机会走进很多优秀领导干部的内心世界，感受开拓创新的精神风貌，见证他们干事创业的能力业绩，也从中体会到领导人才测评工作者的责任和使命，由此也增强了领导人才测评技术研究开发的动力。

2016年年初胡月星教授希望我参与"中国领导力提升"系列丛书编写，我既兴奋又紧张。兴奋的是，能以此为契机，把近年来的领导人才选拔测评方法进行梳理、总结，促进自我提升，也能为同行提供参考、互相交流；紧张的是，深感领导人才选拔测评博大精深，唯恐自己驾驭不了，有负恩师期望。

设计和组织领导选拔测评项目，对我来说是较为熟悉了，但是真正要把这些适合领导干部的测评方法系统梳理，结合自身体会写成书，真是个巨大的挑战。好在有各位老师前辈的指导、鼓励和帮助，否则本书可能要难产了。在此，深深感谢胡月星教授对我的提携、关心和爱护。

本书借鉴参考了许多文献、工具和资料，其中有很多是令人尊敬的师长、专家和同行的著作，在此表示诚挚的感谢！

由于本人水平和能力有限，书中难免有许多不足和疏漏之处，敬请批评指正！

王文新

2016 年 12 月